ヘタイラは語る
かつてギリシャでは……

ΟΤΑΝ ΟΙ ΕΤΑΙΡΕΣ…

ニコス・パパニコラウ
ΝΙΚΟΥ Α. ΠΑΠΑΝΙΚΟΛΑΟΥ

谷口伊兵衛／高野道行／安藤ユウ子・コンダクサキ 訳
Taniguchi Ihei　Takano Michiyuki　Ando-Kontaxaki Yuko

JIRITSU SHOBO
而立書房

目次

装幀・神田昇和

快楽のためには売春婦を
毎日身体の必要を満たすためには内妻を
真正な子供を生み、家をしっかり守ってもらうためには合法的な配偶者を
私たちは持っている。

デモステネス『若さを保つために』(五二章一二二節)

ヘタイラは語る

かつてギリシャでは……

オリジナルな各書籍には必ず著者のサインと出版社の判があるものだ。

ΝΙΚΟΥ Α. ΠΑΠΑΝΙΚΟΛΑΟΥ
ΟΤΑΝ ΟΙ ΕΤΑΙΡΕΣ...

異教のヘタイラたち

この本の著者とは三十年ほど前の或る夜、アリキ・ヴュクラーキ(1)の家で識り合いました。当時、アリキは妊娠していたのです。私の記憶が正しければ、彼女はニコス・パパニコラウの診察を受けていたのですが、その頃の彼はまだ教授ではなかったと思います。ウィットに富む本は必ず世に出るものです。ニコスは当時、すでにこの本の構想を固めていたのでした。

まじめな大学教授が書いた一冊のヘタイラについての本？　まじめな彼の同僚がこんな異端の書、アルキビアデスの秘儀や古代の同性愛（ただし、サフォー(2)が同性愛者だなんてとんでもない。レスビアンというとなんでも私の生まれ故郷のレスボス島と結びつけたがる人のために、断じてそのようなことはない、と故郷の名誉にかけて主張しておきます）のこととか、また、とどのつまり、古代ギリシャでもっとも神聖なスポーツと考えられていたらしい少年愛の諸相とかについて述べたこの本のページを、笑いをこらえつつせわしげに繰っているありさまが目に浮かぶようです。

ニコスはわかりやすく、それでいて魅力的な本を中級の読者のために書いたのです。この本はエッセイではありませんし、息がつまりそうな脚注で詰まった学術書でもありません。著者は内容をことさら深く分析していませんし、学者ぶったりもしておりません。

今日はたくさんのプロ作家が自分の仕事の正確な意味を忘れてしまっている時代（これは物書きたちがそう言っていますから、私がこれを利用させてもらい、勝手に一例を持ち出してきたのですが）

ですし、今ふと、ルーロスという名の一人の教授のことが思い浮かびます。その人もたまたま産婦人科教授で、階段教室で医学生としての人生のスタートを切ったサマーセット・モームも敵わないような天分の持ち主でした。モームと同じく医者だったクローニンでも、彼ほどの才能はなかったかもしれません。

医学校というのはどうも文筆家を育てる温床になっているようです。医学校だからといって、いつも医者が育つ温室であるとは限りませんが、このことについては他の機会にゆずります。

もちろん、パパニコラウの『ヘタイラは語る かつてギリシャでは……』は小説ではありません。これを書くのに著者は相当の調査をし、膨大な資料を漁り、労力も大変だったに違いありません。書きたいという意欲もみなぎっています。たぶん、ニコスは心のうちではにこにこしながら、私たち〔ギリシャ人〕のとんでもない先祖たちの、とんでもない悪業をすべて活写したのでしょう。物を書くときにはいつも、にこにこ楽しんでやるのが大切なことなのです。いつだったか、私はテレビで言ったことがあります、「恋し始めたときはにこにこしているのがよい、ものを書くときはもちろん、読むときにも同じようにね」と。

ニコス、きみの本はみんなに読んでもらえるよ、とても魅力的な本だから。タイトルは私たちをちょっとメランコリックにするけれど、というのもきみの『ヘタイラは語る かつてギリシャでは……』は読者の目を現代社会の娼婦マーケットへと向けさせる危険をもはらんでいるからね。

フレッド・ゲルマノス

（1）一九六〇年以来のギリシャ最大の映画・テレビ・舞台の女優（日本流にいうと美空ひばり的存在だったが、十数年ほど前に病没している）

（2）（前六〇〇年ごろ）抒情詩人。おそらく古代世界最大の恋愛詩人。詩その他の方面で女性が名声を得ることの稀なギリシャ社会にあって、彼女はとくに絶賛された。

序にかえて

みなさんが今手にされているこの本を、どうかまじめに受けとらないでいただきたい。また、どんな種類に入る書物なのかと分類などしないでいただきたい。この本は作家が書いたものではありませんし、文献学者が書いたものでも、歴史家によるものでもありません。これは四十年間以上も、病気以外について何ひとつ書いたことのない医師が書いたものなのです。

ですから、もし科学ものや医師や医学生のためのガイドブックを書こうとなさる人がなんらかの参考にしたいというのでしたら、本書は役立たないでしょう。この本を読んだ方が日々の苦しい仕事の手を休めて、少し休暇にでも出かけたいという気分になってくださりさえすれば、著者はそれで本望なのです。休暇の過ごし方についてまで人にとやかく言われる筋合いはありませんから。

拙著が批判に耐えうるなどとは思っておりません。批判の対象外だと思っております。

シノペ

私の専門である産婦人科の歴史を、創世以来今世紀まで、古代ギリシャ、すなわちペリクレス時代のヒポクラテスその他の古代社会の医師たちの業績を調べていくうちに、ちょっと脇道をして興味を持ったのが、当時のヘタイラたちのことだった。過去の世界の研究をもう少し続けたいと思ったのだが、偶然目にしたヘタイラの世界が私を捉えてしまい、そのため今まで続けてきた産婦人科の歴史のほうは頓挫してしまった。

私は当時のヘタイラの一人ひとりの人生に深く影響され、また彼女たちの存在を大変身近に感じたために、道端でひょっこり彼女らに出くわすのではないかと思ったほどだった。

ペリクレスやヘタイラの時代には、アテナイの中心はアクロポリス周辺だった。アテナイの人びとの住まいが今日のプラカだったことは確実である。

名のあるヘタイラたちは別として、彼女らのなかにはサンダルの底に「ついておいで」という意味の言葉を鋲で打ったサンダルを履いている者がいた。こんな具合にヘタイラたちは土や泥に彼女らの足跡を残したのであり、彼女らを欲する者はその足跡について行ったのである。

私は今プラカのトリポドン通りに住んでいるのだが、ここは世人が言うには、世界でもっとも古い通りだそうである。もちろん、その当時の大祭だったパンアテナイ祭[1]が行われたパンアテナイ通りがあったのだが、通りとして初めて命名されたのはトリポドン通りだった。

　このように名づけられたのは、いろいろの競技会で勝利者が賞品としてもらう「トリポッド」（三脚台）[2]がその通りに置かれていたからなのである。当時の人びとは三脚台を多くの人目にふれる通りに置いて、その勝利者の栄誉を讃えたのだった。この三脚台がリュシクラテス通りとバイロン通りが交差する、プラカのリュシクラテスの記念碑のてっぺんに掲げられていたことがあった。その三脚台は音楽競技会の主催者だった、金持ちのリュシクラテス本人が勝ち取ったものだった。この大会では、少年の部でアカマンディスが優勝し、テオンがアウロス（ダブルフルート）を吹き、リュシアデスがダンスを教えたのだが、なかでもエウアイネトスがもっとも優れた技を発揮した。リュシクラテスは言ってみれば、今日のバルディノイアニスとかコッカリスのような存在だったのである。

　私はプラカ広場を通り、ハドリアヌス通りを横切り、トリポドン通りを行くのにテスピドス通りを上がり、右に曲がって行くといったこともたびたびやった。トリポドン通りまでくればきっと、「ついておいで」と書いた足跡に出くわすのではないかと思ったのである。そうしたらなんと、ある日の夕暮れ時のこと、捜し求めていた足跡に出くわしたのだ。私はその足跡について行った。足跡は私をトリポドン通りへと連れこんだ。足跡に刻まれた「ついておいで」という文字を判読するのには苦労した。というのも、サンダルは年老いたヘタイラがさんざん履き古したものだったからである。ちょうど三脚台の真ん中で足跡は消えていた。そこに彼女はいたのだ。

　夕闇の中で私は彼女にめぐり合った。名をシノペと言い、彼女は最古参のヘタイラだった。ただ、シノペは彼女の本名でなく、出身地の名前だった。ヘロディコスはシノペのことを「アブド」〔退屈な、不要の〕と呼んでいたが、そこから「つまらない、きりもなく続く退屈なおしゃべり」という意味が生まれたのである。

ヘロディコスはこの年老いたヘタイラの印象を一口で「退屈な」と片づけているが、彼は彼女の人となりを取り違えたのではないかと思われる。たしかに彼女は「おしゃべり」だとはいえ、退屈だとは思えなかった。むしろ、話し上手という印象を受けた。しかも彼女の様子から、私にとって彼女が必要なのだということがわかった。

「ねえ、シノペ、私はね、専門の歴史を調べているうちに古代ギリシャにたどり着いたのだよ。ヘタイラの生活に興味が湧いてなつかしくなった。それでさらに調べていたら、きみに出会ったというわけさ。そうそう、きみに会う前に神話の中で実はもう一人のシノペに出会ったんだ。この神話の中のシノペはね、セックスマニアのゼウスから逃がれて自分の純潔を守った唯一の女性だった。その後アポロンと河神アリスにも挑まれたが、これも彼女はうまくかわして処女を汚されずにすんだのだ。」

「あんたはそういうけど」とシノペは答えた。「でも違う見方もあるのよ。シノペは、実はもう一人いたのよ。このシノペは黒海に面した小アジアに面した海岸都市シノペの英雄的な女性だったの。彼女は『守り本尊』といわれていてね、河神アソポスの娘だった。この娘をアポロンが愛して小アジアに連れて行ったの。彼女はそこで一人の息子をもうけた。その子はシリア人の子を意味する、シュロスと名づけられたのよ。」

「シノペ、ひょっとしてきみは一介の医者に過ぎない私が人の恋物語を調べているのを変に思っているんだろうなあ。」

「そんなことを言わないでもいいわ。古代人の恋物語についてはクニドス〔小アジアの都市〕出身の医者で歴史家でもあるクティシアスも書いていることだから、変だとは言わないわ。クティシアスはヒポクラテスと同時代の人で、ヒポクラテスとは親戚だったらしいの。ガレノスの書いているところによれば、クティシアスはキュロス〔ペルシャ王〕の軍医だったのよ。彼はペルシャ人のストリュアガイオスとアジアの絶世の美人であったスキュティア国の王女ザリナイオス（またはザリナス）との恋について書いているのよ。」

「ところでシノペ、きみのことも話してくれないか。」

「あたしは、あんたがあたしにちょうど出会ったところ、トリポドン通りの真ん中とキルの間で約二千六百年も暮らしているの。本当はあたしの友人の近くにいたいのだけど。あたしと同郷で、変わり者の哲学者ディオゲネスのそばにね。ディオゲネスは今、スコーレ通りとキルが交差している町の近くに住んでいるの。それでお願い。あんた、ディオゲネスのランプ(3)についてみなさんに話してくださいな。そして、リュシクラテスの記念碑も案内して。テセウスの神殿について話したり、ヘファイストスの神殿に案内してくれるついででいいから。そこにあの人は住んでいたのだもの。あそこにあの人は例の大甕(4)を置いていたの。」

彼女はすり減ったサンダルを脱ぎ、束ねていた豊かな白髪を解《ほど》くと、私の頼みに快く応じてくれた。彼女の家の中は貧しいながらもきちんとかたづいていた。そして、私が家の中を興味深そうに眺めているのがわかっても、彼女は文句ひとつ言わなかった。

「あたしの若い頃はね」、彼女は続けた。「何人ものお客を大きくて立派な家に迎え入れたものよ。収入もずいぶんあったし、それに召使いもいたのよ。今は何にもないわ。それに必要じゃないもの。今あるものだけであたしには十分に思えるし、まあ、がらくたばっかりだけど。仮に友人のディオゲネスの大甕に入ることができたとしたら、よろこんで彼のところに行っていたわ。みんなヘタイラたちは年をとると、《ヘタイラの母親役》になるの、あたしは違うけど。それに、ほとんどの者がアルコール中毒になった。だって、年がら年中シュンポシオン（饗宴）に招ばれて、お酒を飲むのが彼女たちの生活だったんだもの。でも、あたしは誇りと自尊心を失わないように心がけてきたわ。」

私はミュンヘンの博物館で見た或る彫刻のことを思い出していた。その彫刻は『酔いつぶれた老婆』と題されていて、酒びたりになった古参のヘタイラを彫ったものだったが、シノペとは似ても似つかぬものだった。

（1）アテナ女神を讃えて毎年ヘカトンバイオンの月（今の六月－七月）に行われたアテナイ最大の祭。

（2）アポロンの神託所デルフォイで、巫女は三脚台に乗ってアポロン神の神託を告げた。古代の競技会の勝利者に、賞品として与えられた。

（3）ディオゲネスは前四世紀の哲学者、黒海沿岸のシノペの人。公共の場に寝たり、生の肉を食べるなど、奇矯な言動が多かった。偽善、軟弱、富に向けられた何百という非難の言葉が彼のものとされている。「ディオゲネスのランプ」とは、「彼は白昼にランプに火をともして、《ぼくは人間を探しているのだ》と言った」と伝えられている逸話を指している。

（4）ディオゲネスはある人に、自分のために小屋を一つ用意してくれるように頼んだが、その人が手間取っていたので、キュベレの神殿にあった大甕（酒樽）を住まいとして用いたという。

シノペの時代

私は最初から、関心をヘタイラだけに絞った話しをしたくはなかった。シノペにもらったチャンスを利用して、その他もろもろのことについて、彼女の時代もろともたくさんお話したいと考えた。そこで、まず手初めにアテナイのことをシノペに話してもらうとしよう。

話のあらまし

トゥキュディデスが語っているように、ギリシャ人たちはそれぞれ貧しい村落に住んでいたが、やがて時代の要請につれて近隣の村々が必要に迫られて集まり、アテナイの都市国家もこうして出来上がった。アテナイはパルニサやペンテリコンやイミットスなどにあった村落が寄り集まって、アクロポリスを中心に出来上がった都市国家なのである。こういう村落の集合はみなさんもお分かりのとおり、都市計画もなく無秩序にできてしまった。

町の中心は労働者たちが住んでいるケラメイコスにあり、ここには陶器を焼く工房があった。そして、このケラメイコスのアゴラ（広場）で、当時の政治、経済、宗教活動の全般が行われていた。ところが人口が増え、人々の活動が活発になると、あまりにも狭苦しくなってきたため、活動の拠点をその周辺に移すようになった。政治の中心はプニュクスに移り、演劇はディオニュソス劇場で行われるようになった。そして、ケラメイコスはただのアゴラだけとなった。

歓楽街とか食堂街などはまだ存在しなかった。人びとは家で楽しんだ。もっとも、サイコロ遊びをしたり、闘鶏をやる場所はあったのだが、ホテルは必要なかった。人びとの間で客をもてなす習慣は広く行われていたし、旅人は家の戸口をノックさえすれば温かいもてなしを受けたのだった。そのうえ、歓待の守護神「客をもてなすゼウス」をおもんばかる法まであった。

後に、「夕食屋」や「クラブ」ができて、そこが宿屋代わりに使われるようになった。鍛冶屋も人びとの集まる場所だった。これが旅籠になった。初めはオリュンピアやクニドスに旅籠ができたのだが、これらはもとプラクシテレス作のアフロディテ像を見物にやってくる客のためだった。アリストファネスが『蛙』の中で語っているように、旅籠の住人はノミだけだった。旅籠はおうおうにして客がサービスを求める女を世話したりした。

アゴラの中をパンアテナイ通りが斜めに走っており、アクロポリスの南東の所まで続いていた。トリポドン通りはなかでも最古のメインストリートで、この二つの通りを除いては通りとは名ばかりで、路地といってもいいほどに狭く、人の往き来も容易ではなかった。

当時のアテナイ人の住居はというと、岩に穴を開けて造った洞窟か、時には階段がついていた家もあり、そばには貯水槽が備えてあった。一般に民家はひどく小さな平屋で、部屋は一つか二つだった。普通は中に階段があって屋根裏部屋に通じていた。壁は木や焼かない瓦や砂利を泥で塗り固めてあった。もし誰かが盗みに入ろうとすれば、こういう壁に穴をあけるのはいとも簡単だった。だから、泥棒のことを「トイコリコス」（壁に穴を穿って家に押し入る者）と呼んでいたのである。

家の戸は外側にギーッと音を立てて開けた。これは戸口の前を通る人に戸がぶつからないようにするためだった。窓は小さく、天窓のような明かり取りがあり、黒く厚い布地でこれを覆っていた。

紀元前四世紀になると、家は大勢の人が住めるようにだんだん大きくなっていった。アイスキネスによれば、一軒の家に一家族が住んでいればオイキア（家）、たくさんの家族が住んでいればシュノイキア（多世帯住宅）、医者が住んでいればイヤトレイオ（医者の家）、銅職人が住んでいればカルケイオ（銅職人の家）、染物屋が住んでいればバフェイオ（染物職人の家）、置屋に女郎が住んでいればポルネイオ（遊郭）と呼ばれた、という。

家の唯一の装飾といえば、漆喰を塗ることだった。紀元前四世紀になると、モザイクが使われるようになった。金持ちは自分の家の壁を刺繍で飾ったり、壁紙を張ったりした。アルキビアデスは自分の家に画家のアガタルコスを三カ月もかんづめにして壁の装飾をさせた、と言われる。

家具はベッド、木枠を紐で結わえて、その上にコショウボクや葦で編んだ薄いマットレスを敷いて使った。その他、テーブル、机、椅子、スツール、衣類やアクセサリーを入れる箱、などがあった。枕や掛け布団のようなものはあったが、シーツはなかった。夜は上着を脱ぎベルトをはずしたが、丈の長いキトンは脱がないでそのまま寝巻きとして使った。

食事は戸外で煮炊きした。時には戸外で火を起こし、木がいぶらないときには家の中に火を運びこんだ。煙は屋根にあけた、一枚の瓦でふさいだだけの穴から出た。煙を出すときには、部屋の中から竹の棒でその瓦を押し上げた。煙突もあるにはあったが、それは金持ちの家だけだった。

どの部屋も道路に面していてドアはなく、「パスターダ」と言われる中庭に通じていて、パスターダの前には通路があって、その通路を「プロテュロ」と呼んでいた。

パスターダは南を向いていた。このことについてソクラテスは、家は南の向きにあると、太陽は日中は冬には部屋の中まで入ってくるし、夏は頭の上や屋根の上を通るから人は陽に当たらないですむのだ、と言っている。

シュンポシオン（饗宴）をやる部屋は「アンドロン」（男の部屋）、客間は「ディアイテリオン」（家の中の居住区域）、食堂は「オイコス」（家）、夫婦の寝室は「タラメ」（奥まった部屋）、女や奴隷の部屋は「ギュナイコニティス」（女部屋）と呼ばれていた。

シノペはアテナイやアテナイの住居についてこういう話をしてくれたのだったが、私がなぜアテナイの人びとは生活環境の改善に取り組まなかったのかい、とたずねると、アテナイの人たちはそんなことには関心がなかったのよ、とのことだった。人びとはアクロポリスの光り輝く神殿やアゴラにある公共の建造物を見るのが好きだった。豪勢な家や華美な家を自分で建てることは神に対する冒瀆である、と人びとは固く信じていたのだ。人びとはデルフォイの格言である「中庸の要」ということをよく心得ていた。

デモステネスは豪勢な家を持つ政治家に対して、あの家はまっとうな金で建てたものではない、と言って非難した。エウリピデスもやはり富を好まなかった。彼は言った、「ヒュブリン・テ・テイクテイ・プルトス」、つまり「富は傲慢無礼を生み出す」と。

多くの金持ちはアテナイの城壁の外に別荘を持っていたが、そこに行く道はひどい悪路で、足繁く通うのは大変だった。ただ、アクロポリスの丘からアゴラを経てエレウシスに出る道だけは立派なものだった。ペリクレスもアテナイの城壁の外に別荘をいくつか持っていたが、ラケダイモン人〔スパルタ人〕がアテナイを攻撃したとき、彼の別荘には手を出さなかった。

アテナイの中心を外れた場所、ケラメイコスのずっと先にコロノスという場所があり、それはソフォクレスの生地だった。後に、その地はアカデモスの神域を意味するアカデメイアになった。アカデモスは土地の英雄で、森の中に神殿があった。アカデモスの森はペイシストラトスの息子のヒッパルコスが建てた塀をめぐらしていた。アカデモスの森は女神アテナに捧げたもので、十二本のオリーブの木が植えられていた。このオリーブからとった油はパンアテナイ祭の競技会の勝利者に賞品として授けられた。ヘルメスとエロスの祭壇もここにあった。

アテナイ人はアカデメイアをよく散歩した。キモンは泉のある庭園を造り、そこに青少年が体を鍛えるための体育場を建設した。その素晴らしさを、アリストファネスは『雲』の中で賞賛している。

アカデメイアはプラトンによって有名になった。プラトンはそこに学園を作り、学問を教えた。他の体育場と同じように、運動選手が体を洗うための水があることが好まれた。事実、アカデメイアの近くにはケフィソス川があったし、アリストテレスが学園を切り開いたリュケイオンの近くにはエリダノス川が、犬儒派のアンティステネスの学園があったキュノサルゲスにはイリソス川が流れていたのである。

都市計画

当時、アテナイ人は都市計画にしても、都市の衛生面にしても基準となるものを何も知らなかった。そのため紀元前四二九年には、あのペリクレスをも死に至らしめるような疫病も発生した。それにしても、人びとは何をぐずぐずしていたのだろう。下水道もなかったのに、何の対策も講じなかったとは。

家の汚水は戸口や窓から捨てられたから、雨水が貯水槽にあふれると、その水といっしょになって道の真ん中を川のように流れていった。地中に配水管を埋設したのは、ずっと後のことだったのだ。紀元前六世紀には、僭主たちは水道事業に力を入れた。もっとも有名な貯水池は「エンネア・クルノス」〔エンネアは九を意味する〕だったが、これは貯水池に九本の配水管が取り付けられていたからである。水の管理人としてもっとも名を挙げたのはピュテアスで、彼はその給水事業が高く評価されて黄金の冠を授与された。

体を洗う水に関して、アテナイ人は風呂には反対だった。片目の喜劇作家ヘルミッポスも同様であった。もう一人、南イタリア出身の喜劇俳優アレクシスは百六歳の長寿だったが、生涯体を洗おうとはしなかったし、香料を満たした盥《たらい》にも入ろうとはしなかった。

街灯のついた道はなかったから、金持ちは若い奴隷をお供に従えてランプを持たせ、暗闇で下水だめに落ちないようにしていた。

服装

男たちは下にリンネルかウールのキトン（下着）を着て、その上にヒマティオン（外衣）を着た。ヒマティオンは一枚の四角の布地を折って、それを左の肩から掛けていた。暑いときにはヒマティオンは脱いだ。キトンを着ないで、ヒマティオンだけを羽織って外出する者もいた。ソクラテスやスパルタ王アゲシラオスやフォキオンのような人はヒマティオンだけを着て、裸足で歩き回っていた。

ヒマティオンは丈が膝まであった。これ以上長いと見栄を張っているとか、無駄遣いをしていると思われた。アルキビアデスはまさにそれだった。逆に膝に届かないと、当時はパンツをはいていなかったから、無作法とされた。

女たちはキトンを着ていた。これは男物に似ていたが、その時の流行や場所、季節により若干の違いがあった。彼女たちは胸を支えるために、ストロフィアというブラジャーに似た帯をつけていた。余分な脂肪でたるんだお腹を引き締めたり、妊娠を隠したりするためにベルトを締めていた。ドレスは麻や絹でできていた。上等の麻〔ゼニアオイ〕の産地はアモルゴス島だった。だからこういうドレスのことをアモルギナと呼んでいた。アモルギナはとても薄い織物だった。コス島の絹はヘタイラが好んで着用した。

スパルタの女たちは膝上のキトンを着用していたので、彼女たちはファイノメリデス（腿の見える女たち）とかギュムノメリデス（腿丸出しの女たち）と呼ばれていた。

衛生面

男たちや子供たちは海や川で体を洗っていた。女たちは決して屋外では体を洗わなかった。時折、ヘタイラたちは、祭のときに海で体を洗うことがあった。プリュネ〔紀元前四世紀のアテナイの遊女〕を見たアペレスは、「波間から生まれたアフロディテ」なるインスピレーションを得た。アテナイの僭主ペイシストラトスは当時もっとも有力な政治家としての顔を利かして、アテナイの小高い所にいくつか泉を掘り、そこから水路を設けた。こうして、女たちは水甕を満たすことができ、体に水を掛けることもできたのである。

後には公衆浴場が営業を開始した。「バラネウス」と呼ばれる浴場の管理人が入場料を徴収した。大衆浴場は冬季、家が寒いときに人びとが寄り集まっておしゃべりをする恰好の場所になった。石鹸はまだ知られていなかった。皮膚の汚れは砂と油を混ぜたもので洗い、その後、水で流し落とした。掃除、洗濯には灰を使った。男たちはかみそりは使わず、一方、女たちは体毛をそるためにランプで焼いたり、熱い灰で焼いたりした。男たちは女たちに体毛がないのを好んでいた。このことは『軍を解く女《リュシストラテ》』の中でアリストファネスが述べている。

温水の浴場を最初に使ったのはシバリス人だった(1)。彼らは夜のトイレ用にしびんを使っていた。アテナイにしびんを持ち込んだのはアルキビアデスである。

髪をくしけずる櫛は三十一本の歯があり、素材にはオリーブの木や動物の骨、鼈甲、青銅、象牙などが使われた。彼らは髪を金髪に染めるのが好きだった。肌を白く見せたいときには、化粧用に炭化した鉛白を使った。アンクサは木の根だが、これを使って髪を赤く染めた。アレキサンドリアの辞書編纂者のヘシュキオスは次のように書いている、「女たちは暗褐色のアンクサの根を使って（髪を）赤く染める」、と。

（1）南イタリアのルカニアの人びとで、柔弱と贅沢で知られた。

政治

立法や行政に関する法的根拠はアテナイ市民全員が参加する集会にあった。この点では、当時のアテナイは大変小さな都市だったので助かった。市民が集会に参加するためには、父親はアテナイ生まれでなければならなかった。ペリクレスの作った法律では、母親もアテナイ人でなくてはならなかった。それに本人が二十歳を超えた成人男子であることが条件だった。

市民は誰でも集会に出席する資格を失うことをアティミーア（恥辱）と考えた。アテナイ人の日常生活は何をおいても〔都市〕国家に捧げられた。一般民衆の考え方は国家に無関心でいることに厳しかったのだ。それだから四世紀末になって初めて、エピクロス(1)の学園が哲学者に対して一身の修養を専一にせよ、とあえて助言をしたくらいである。もっとも、そのときアテナイはもう自治権を失っていたのであるが(2)。

後には、民会に出席した者は手当てをもらった。同様に、アテナイの市民たちは一年間に限ってアルコン（執政官）になる権利、五百人議会に参加する権利、裁判官になる権利を持つようになっていた。

女たちは民会にいかなる議席もなかった。議員に選ばれることもなかった。要するに、彼女たちは民会の会議に参加する権利を持たなかった。アリストファネスは『女の議会』の中で、女たちが議会を開くことを風刺している。アリストファネスは紀元前四二五年に上演された喜劇『アカルナイの人びと』の第一幕で、民会の場面を演出している。

民会の議員はそら豆を使ったくじ引きで選ばれた。水差しに候補者の名前を書いた小さな石版を入れ、もう一つの水差しに候補者と同じ数の白と黒のそら豆を入れる。そして、それらの水差しの中から石版とそら豆を一つずつ取りだす。取り出された石版の名前が白いそら豆といっしょだったら、当たりくじで、その名前の人が議員に選ばれた。任期は一年で、再選は一回限りだった。議員の手当ては一日当たり五オボロス〔一オボロスは六分の一ドラクマ〕だった。当時の労働者の日当が二ドラクマだったのだから、これはなんとしても大変少ない額だった。

公共財産はアクロポリス近くのアレス神の丘にある祭壇《アーラ》が管理していた。後に、アルコン〔アテナイの九人からなる最高行政官〕の筆頭者だったペリクレスはアレイオス・パゴス[3]の権限を五百人議会に移した。

五百人議会の運営は、アテリイの秩序の維持を任務とする五人の行政官と市場《アゴラ》の監督を任務とする市場監督官とがこれを補助した。道路の清掃や祭の催し物なども監視していた。

行政官は住民の風俗の取締りや、市場の価格の維持や、商品の供給に目を光らせていた。アゴラで使われる度量衡の単位に関しては、度量衡監督官が権限を持っていた。

法を初めて制定したのはドラコン(4)だと言っていいだろう。彼は厳格な法を制定した。今日でも、私たちはドラコン法のことを話題にしている。

彼の後、法の制定者が続々と現われた。まずは賢者ソロン、ソロンの後にはペイシストラトス、クレイステネス、そしてクレイステネスの後にはエフィアルテスとペリクレスが現われて、アテナイの法律を制定した。

ソロンは英知をもって、貴族と平民の利害をうまく調整した。彼はエリアイア〔アテナイの最高裁判所〕を設けたが、所員の給与はアテナイ人全員が負担した。ソロンはアテナイ人の身分を財産で区分した。

まず、麦の収穫高が五百石の者〔五百石級、〝ペンタコミオメディムノイ〟〕を一級、次いで、馬一頭を飼う者〔士級、〝ヒッペウス〟〕を二級、少なくとも雌雄の牛を飼う者は〝ゼウギテス〟、何の財産も持たず身一つで生計を立てている者を〝テテス〟〔労働者〕とした。労働者は官職には就けなかったが、市民全員の運命を決する民会には出席することができた。ソロンの立法によって、時代は大きく変わった。ソロンが外国へ行っている間に、アテナイの人びとは三つの党派に分裂して相争った。

メガクレスは海辺に住む漁師や船乗りなどの海の民（パラリオイ）を率い、リュクルゴスは畑を耕す平原党（ペディエウス）を率い、ペイシストラトスは山岳地帯に住む人びとや木樵などの山の民（ディアクリオイ）を率いて、権力争いを繰り広げた。

結局、ペイシストラトスが権力を握って僭主の地位に就いたのだが、これには次のような物語がある。

ある日、ペイシストラトスは自分自身と馬に傷をつけ、血を垂らしながらアゴラに入った。そして言ったのだ、

「敵にやられた、どうか私を守るため護衛をつけてもらいたい。」

人びとは彼の言葉を真に受けて要求を受け入れ、槍ならぬ棍棒で武装した十一人を彼の護衛につけた(5)。

ペイシストラトスはこの護衛によってアクロポリスを手に入れ、ここを支配した。しかし、思いやりのある人間味豊かな人物として、彼は貧しい者をよく援助した。彼は以下に記すように、数かずの公共事業も行っている。

ペイシストラトスはアクロポリスの上に宮殿を造り、そこに移り住んだ。彼はそこに「ヘカトンペデス」〔百歩、つまり長さが三十メートルの建物という意味〕というアテナ女神の神殿も建立した。

イリソス川の土手に造船所を設け、祭を組織した。ペイシストラトスの時代に、テスピスはケラメイコスで最初の演劇を上演した。ペイシストラトスはパンアテナイ祭を盛大に祝い、またエレウシスにデメテルの神殿を建立した。アカデモスの森を広げ、プニュクスの丘の東側に九個の蛇口をつけた井戸〔いわゆる「九泉」エンネアクルノス〕を掘った。

ペイシストラトスには非アテナイ人の女に生ませた二人の私生児と、ヒッピアスおよびヒッパルコスという嫡出の息子がいたが、彼らは父の亡き後、アテナイを支配した。ヒッパルコスは美貌の青年ハルモディオスに恋したが、ハルモディオスのほうはアリストゲイトンのほうが好きだった。そこで

ヒッパルコスはその腹いせに、ハルモディオスの姉妹の一人をパンアテナイ祭の行列から追放した。すると、今度はハルモディオスが怒り、陰謀をもってヒッパルコスを暗殺した（前五一四年）。ヒッパルコスの兄ヒッピアスは弟の仇とばかり、ハルモディオスとアリストゲイトンを殺害した。後に、ラケダイモン人〔スパルタ人〕がアテナイに攻め入ったとき、ヒッピアスはペルシャのダレイオスの許へ亡命した。

ヒッピアスの後には、アルクマイオン家の熱心な民主制推進者クレイステネスが登場した。彼はいろいろなことをやってはみたものの、人民の支持は得られなかった。彼は「デモス」（区）という町の単位を設けて、アッティカを百のデモスに区分した。デモスの長はこのデモスの秩序を統率した。クレイステネスは「アゴラ」という集会も行ったが、このためにアテネの連帯をあやうくぶち壊しそうになった。彼はさらに改革を進めて、新しい官職として「将軍職」を設け、他の十の官職を廃止した。オストラコンなる制度を採り入れたのも、クレイステネスだった。

オストラコンというのは、アテナイが望ましくない人物を追放したいと思ったとき、市民がオストラコン〔陶器のかけら－陶片〕にその人物の名前を記入して投票したもので、一人の人間を追放するのに最低六千票が必要だった。オストラコンは全アテナイ市民の同意の下に、年一回、一月から三月の間に行われた。(6) アテナイの住民の数に関してクセノフォンは、アテナイの戸数を数えたところおよそ一万戸だったと言っている。紀元前五世紀には四万の市民と、二万のメトイコイ（居留外国人）がいた。女と子供を合わせると、アテナイの総人口は二十万人に達していた。

（1）（前三四一生－二七〇没）　哲学者。彼の設立したアテナイの「庭園」は彼を崇拝する人たちの構成する学派の隠遁所となった。学派内の生活は簡素であったらしい。エピクロスは快楽説を唱えたことで知られているが、これは肉体の快楽ではなく、煩悩からの解脱を意味した。
（2）紀元前三二二年、アテナイはマケドニアに占拠され、アテナイの民主制は廃止された。
（3）戦の神アレスの丘を意味する。当時、殺人に関する裁判が行われたところ。現在のアレイオス・パゴスは最高裁判所のことをいう。
（4）紀元前七世紀末のアテナイの立法家。処罰が過酷で、ほとんどすべての犯罪者に対して死刑という唯一つの処罰しか下さなかった。
（5）プルタルコス『英雄伝』（村川堅太郎訳、筑摩書房、一九六七年）では五十人の棒持ちとなっている。
（6）陶片追放にあって国外に追放された有名人の中には、前四八〇年に行われたペルシャ戦争勝利の立役者テミストクレスがいる。もっとも、彼の場合には書体の同じものが多数混じっていたことから、何者かの謀略に遭ったとされている。証拠となる陶片が発掘されて、今日アテネのアゴラにある博物館の中で展示されている。

奴隷

奴隷の主な供給源はスキュティアの奴隷市場だったが、これだけではなくて、戦争も奴隷を供給した。都市が征服されると、都市住民は殺害から逃がれるために自ら奴隷に身を落とした。海賊もまた奴隷を供給した。(1) しかしアッティカでは、人攫いが子供たちを捕まえては奴隷として売り飛ばしていた。アッティカ最大の奴隷市場はスニオンにあった。スニオンの北の山地にラウレイオンという有名な銀山があり、たくさんの労働力を必要としていたからだったが、アテナイのアゴラでは奴隷が競《せ》りにかけられ、売られていた。

奴隷は金持ちの家で使われていたほかに、町工場や、家内工業やペイライエウス〔今日のピレウス港〕で働かされた。

奴隷が逃げ出したりすると、罰として焼鏝《やきごて》で焼印を押された。しかし、神殿に逃げ込むことができれば神殿の庇護下に奴隷身分を解放された。プラトンは奴隷に対して、とりわけ好感を持っていた。このことをプラトンは『法律』の中で明らかにしている。もっとも後に述べるように、彼自身が奴隷に売られた経験があったからなのだろうが。一方、アリストテレスは『政治学』の中で、奴隷に対して師のプラトンよりずっと厳しい態度をとっていたが、後年、その態度は軟化した。

奴隷はあらゆる仕事に従事したが、家の仕事も行った。ニケラトスの息子で、政治家でもあり将軍でもあった貴族のニキアス(2)は、千人以上の奴隷を抱えていたが、これらの奴隷をラウレイオンの銀山に貸し出して莫大な富を手に入れていた。

奴隷どうしの結婚は所有主だけが許可した。そして、生まれた子供は奴隷の所有者の手に帰した。シケリアのシュラクサイ出身の医師メネクライテスはたくさんの奴隷を所有していたが、マケドニアのフィリッポス二世やスパルタ王のアゲシラオスにもたくさんの奴隷がいた。メネクライテスは自分が治療した者はすべて奴隷とした。治療費は要求しなかった。彼は自らをゼウスと称し、彼が治療した者にアポロンとかヘルメスという名前をつけたりした。メネクライテスは紫の王衣をまとい、頭には黄金の冠をかぶり、手には黄金の王笏を持っていた。

あるとき、アゲシラオス王に書簡を書いたことがあったが、メネクライテスは文頭を次のような言

葉で書き始めた、

「拝啓、メネクライテス・ゼウスよりアゲシラオス王へ。」

これに対してアゲシラオス王は、架空の大神〔相手がゼウスと名乗っているからこう呼んだのだ〕を怒らせようとして、次のような返事を書いた、

「メネクライテスよ、貴殿の健康を願って。アゲシラオスより。」

古代ギリシャでは子供はよく道端に捨てられたが、こういう捨て子は拾われてもやはり奴隷になった。

オイディプスも捨て子の一人だった。さらに、哲学者のプラトンもまたアイギナ島で奴隷に売られたことがあった。というのも、プラトンがシケリアに行ったとき、シュラクサイの僭主ディオニュシオス(3)に向かい、相手が自分より身分の高い権力者であることも意に介さず、自分の説を押しつけて僭主の怒りを買ったからである。プラトンは無理矢理スパルタの船に乗せられ、船がアイギナに着くと船長は彼を奴隷として売り飛ばしてしまった。幸い、キュレネから来た或る男がプラトンを買い戻してアテナイに送り返してくれたのだった。

私たちはクストスによってリュディア人が宮廷で少年少女を奴隷として使っていたことを知っている。少年たちは宮廷に上がる前に去勢された。トゥキュディデスによるとアテナイの奴隷は市民の数を上回ることは決してなかった。それはつまり、四万人以下ということになる。

(1) 神話によると、ディオニュソスも少年の頃、海賊によって奴隷に売られそうになった、という。

（2）〔前四一三没〕　アテナイの指導者。古代では莫大な富で知られる。デロス島の祭礼に惜しみなく出費したことで有名。
（3）〔在位前四〇五－三六七〕　莫大な数の奴隷を解放し、外国人には市民権を賦与し、東シチリアの主要都市を中立化した。

メトイコイ（居留外国人）

古代アテナイには、特に紀元前五世紀にはたくさんの居留外国人がいた。彼らがメトイコイ(1)と呼ばれたのは、彼らが生まれた故郷からアテナイに移り住んだからである。

メトイコイにはアテナイ生まれの生粋のアテナイ人と同じ権利は与えられていなかったが、商売では第一人者であって、彼らの右に出る者がいなかった。メトイコイの多くは子供たちにアテナイ市民と同じ教育を施したから、これによって彼らは輝かしい未来を保証されたのだった。メトイコイの一人にケファロスという人物がいたが、彼は有名な弁論家のリュシアス(2)を養育した。コス島出身のヒポクラテスも、ハリカルナッソス生まれのヘロドトスも、ともにメトイコイだった。

ペリクレスはメトイコイの権利を制限する法律を作ったが、彼自身もメトイコイと縁が深かった。たとえば、彼の師アナクサゴラスはクラゾメナイ〔小アジア・イオニアの町〕出身だったし、妻のアスパシアはミレトス〔小アジア・カリアの町〕の出身だった。プラトンはメトイコイにあまり活動させるのを好まなかったが、クセノフォンは正反対の考えを持っていた。

メトイコイはアテナイ人と同じく税金を支払った。彼らの払った貢税はメトイキオンと呼ばれたが、逆に税金を払わないメトイコイは奴隷身分に落とされた。

アテナイはメトイコイに対して比較的寛大だったのに反して、スパルタは時折、メトイコイを国外に追放したりした。メトイコイの追放を「クセネラシア」（外国人追放）と呼んでいた。アリストファネスはメトイコイのことを、彼らは麸《ふすま》〔小麦を挽いたときにできる皮の粉〕に似ていると言った。良いパンを作るには粉と混ぜなければならない、という意味で、アテナイをパンに、メトイコイを粉にたとえたのである。

（1）「移り住んだ者」、いわゆる移民のことであるが、特にアテナイに移り住んだ外国人を指す。

（2）（前四五九－三八〇）アテナイの十大弁論家の一人。シケリアのシュラクサイ出身。メトイコイであったために、公式の場で演説したことはなかった。

パイデイア（教育）

「子供の躾は新生児から始めよう」。男子が月の六日、十日、十六日、十九日に生まれると、運がよいとされた。もし女子なら、日が違って月の十四日から十九日の間に生まれると運がよいとされた。アテナイでは生まれた子は白布でしっかり巻かれて、柳の木の枝で編んだ籠、あるいは木製の舟形の箱に寝かされた。スパルタでは新生児を長い布で巻くこともなく、食べ物には何の注意も払われなかったから、子供たちは欲しいものを好きなように食べていた。

女の子たちは家に閉じ込められて暮らしており、男の子たちとの接触はなかった。スパルタでは女の子たちは男の子たちと一緒に体操した。レスリングや円盤投げ、槍投げもした。スパルタ人は子供をたくさん生むことに熱心だったし、強い子供を得るために伴侶を選ぶときには年配の仲間(1)の知恵を借りた。

乳母を使うことのできる裕福な家庭の母親は別として、普通の母親はわが子に自ら授乳した。

女子の出生は望まれていなかった。だから、家族に姉妹がいるのは珍しいことだった。女子は財産にはなりにくくて、始末に負えないと考えられていたのである。

私生児、特に女子の私生児は不況時には遺棄された。このような子は誰かに拾われて奴隷にするために育てられたり、子供のできない女たちが夫を騙すために妊婦のふりをしてもらい受けていた。ボイオテアでは、父親が子供を育てる経済力がないとき、子供を金持ちに譲り渡すことが認められていた。子供を公共の競売《せり》にかけて売ってもらったのである。

幼児期の子供は自由に遊ばせておいた。プラトンも子供が六歳になるまでは自由にしておくのがよい、と助言している。しかし六歳を過ぎると、将来の職業について勉強しなければならなかった。子供はがらがらや、ボール、ナックルボーン(2)などで遊んだ。

子供が十八歳になるまでは、父親が養育した。父親は子供に武器の扱い方まで教えた。スパルタや他の都市国家には子供の教育を監督する役人がいたが、アテナイにはそういう役人はいなかった。その代わりに、「パイダゴゴス」という男子を学校に送り迎えする奴隷がいた。奴隷でもパイダゴゴスになることができたのである。

パイダゴゴスの仕事は子供を教師のところに連れて行ったり、躾を教えたり、教師の部屋や特別室で授業を受けさせることだった。教師には生徒の親から授業料を支払われたが、生徒が病気で休んだときは、親は欠席した日数分の授業料を支払わなかった。

子供の学習はアルファベットから始まった。教師は暗誦用の韻文の中からアルファベットの発音を教え、その後でつづりを教えた。そこまでは比較的やさしかったが、文を読むとなると、これは一筋縄ではいかなかった。というのも、当時の文章は句読点がなく、語と語の区切りも一切なかったからである。

文字は尖った道具や小さなナイフや羽軸を使って、蠟引きの木板に刻み込んだ。または、葦の先を尖らせ、濃いインクでパピルスに書くのだが、書き始めはよく破れたものだ。

読み書きが一通り終わると、算数を習った。数字はアルファベットの文字を使って書き表した。文字は全部で二十七あったが、これにさらに三つの文字を加えて使った。二つの文字は六を表した。(3) K（カッパ）は九十を、ϡ（サンピ）は九百を表した。ゼロの数字はまだ使われていなかったから計算するのが大変だった。

（1）年配の仲間　スパルタでは七歳以上の男子はすべて家族から引き離されて国家の戦士として育てられるべく、共同生活を送っていた。
（2）昔、羊の趾骨《しこつ》などで作った、玉を抛り投げて遊ぶ、お手玉に似た子供の遊戯。
（3）数を文字で表した一例　1＝A、2＝B、3＝Γ、4＝Δ、5＝E、6＝ΣT、7＝Z。現在でもこれらは使われている。

女子の生活

女子の生活は家の中の「ギュナイコニテス」（女部屋）の中に限られていた。彼女らは中庭に出るのも大変だった。彼女らにとって教育の場もなかったから、外出する機会もなかった。唯一レスボス島にだけは、裕福な家庭の子女に限ってではあったが、外出する機会があった。彼女らは女流詩人サフォーの許に集まったのである。

アテナイの少女は料理や機織や編み物を習ったが、これらと一緒に読み書きや算数を少しばかり、祖母や母あるいは奴隷を先生として勉強した。さらに、パルテノン神殿で行われるパンアテナイ祭の行列のような宗教儀式には参加できたので、そのために舞踊を習った。ただし、男女が一緒に踊るようなことは決してなかった。踊りは別々だったのだ。もし女子が婚前交渉をしたりしたら、その父親は娘を奴隷市場に売ってもかまわなかった。

スパルタでは、子供の養育事情はアテナイとは違っていた。スパルタの男子たちは家族と一緒に過ごせるのは七歳までで、七歳になるとポリス（国家）が引き取り、心身を鍛え、死ぬまで国家に奉仕させるようにした。十二歳になると、子供たちは一枚のヒマティオン（上着）を宛てがわれ、共同寝室で葦の葉を敷いた寝台に寝た。風呂に入って体に油を塗ることは、祭のときしか許されなかった。十二歳を過ぎた少年は成人婦女と恋愛関係は許されたが、別に性的交渉を持つ義務まではなかったらしい。

少女に関しては、膝上までしかない太腿の見える短い服を着て体操をしていたので、彼女たちは

「ファイノメリデス」（太腿の見える女たち）とか「ギュムノメリデス」（肌をむき出しにした女たち）、などと呼ばれていた。

身体の鍛錬と同時に躾も配慮されていた。ヘロドトスはこんな話を伝えている。

あるとき、スパルタの女たちとミニュアイの女たちが囚われの身の夫に会わせてくださいと牢番に頼んだ。そして面会の許可が降りると、女たちは夫の服を自分たちの服と着替え、夫は牢番の目を騙して脱獄し、妻らは代わりに牢に残った、と。

既婚女性たちの生活

アテナイの人びとは、娘たちに教育を施して理想的な女性に仕上げた。そういう女性の一人にイスコマコスの妻がいる。彼女は羊毛を紡いで着物を作ることは知っていたが、夫に会ったり、その声を聞いたり、物を尋ねる機会はほとんど持っていなかった。夫のイスコマコスは妻の義務は子供を産み、後は日常の家事をしっかりやることにあると信じていた。一般に家内の仕事は妻の勤めであるし、家外の仕事は夫の勤めである。なんとなれば、神が男の肉体と精神を暑さ寒さや行軍に耐えるように作り、女は男が運んでくる食料や物を守るように定めたのだから、と。

以上はイスコマコスの考え方だった。つまり、女はいったん結婚したら一定の枠を嵌められてしかるべきであるし、奴隷と同じ権利しか持てない立場になるというのである。エウリピデスは、屋外に出ている女はゴシップの種になると言っている。

結婚しても、年をとれば女は外出することは容易だった。そういう女は大変な老女だったので、人びとは誰の妻かと聞くことはなく、誰の母親なのかと聞いたのである。

エリスにあるフェイディアス作の亀の上に女神が片足を乗せている『天のウラニア』[1]は、女が家の中に閉じ込められていることを象徴している。エウリピデスは『アンドロマケ』の中で、分別のある夫は他の女たちが妻の許にやってくるのを許さない、なぜなら女はあらゆる悪の教師なのだから、と言っている。

妻たちは夫をたいそう愛していたから、あるとき、暴君のイエロナスのライバルがこの暴君に向かって、あんたの口は臭いぞと言うと、彼は妻に向かい怒って言った、なぜそのことを儂に言ってくれなかったのかい、と。すると彼の妻は答えて言うのだった、「男の人はみな同じ臭いがすると思っていましたわ」。

言ってみれば、既婚女性は奴隷に対しては女主人だったが、彼女が唯一できることは、家の中で全精力を使い果たすことだった。彼女らにとって家の敷居をまたいで外出することは、少女と同じように困難だったのだ。彼女たちが外出できる機会と言えば、祭礼を見物に出かけることだけだった。時折アゴラに衣服や履物を買いに出かけることはあったが、それでも奴隷や「ギュネコナイモス」(婦人監督官)という、家に忠実な年配の男が必ず付き添ったのである。

そうはいっても、なかには働く必要があってやむなく外出しなければならない女たちもいた。夫がいなかったり、夫が病弱の場合である。

そういう女たちの一人に、エウリピデスの母親がいた。彼女は野菜を売り歩いていたのだった。女たちが日常生活に不自由していたとはいえない。ディオニュソスを讃える演劇を見に行くことはできた。とりわけ、アテナイには「テスモフォリア」という祭礼があった。テスモフォリアは豊饒の女神と言われるデメテルとその娘ペルセフォネとを讃える祭礼で、ピュアネプシオンの月（現代の暦では十月に当たる）の五日間、九日から十三日まで続いた。この祭は女たちだけが参加できたのであり、彼女たちは祭の始まる九日前から夫との交わりを絶ち、夫を近づけないようにするためにニンニクを食べなければならなかった。祭の最終日には、彼女らはザクロを食べた。ザクロは豊饒のシンボルであり、外側は乾燥しても中の実は新鮮さを保っているからである。

彼女たちは観劇を楽しむことはできたが、家では何一つ楽しみがなかった。アテナイの男が友人を訪問すると、友人の妻は奴隷に客の接待についてやむを得ず指図する必要がある場合を除いて、アンドロナ（男の部屋）には出てこなかった。リュサンドロスはメノナスの家で晩餐会に招かれたことがあった。その席には哲学者に混じってアウロス奏者のクリュシッレとラオディケと、ヘタイラのエイドテアが侍っていたが、メノナスの妻はというと、薄暗い女部屋に閉じ込められたまま、夫を愛するがゆえに悲しみの涙をじっとこらえていたのだった。

（1）（前四五〇 - 四三〇頃活躍）アテナイの彫刻家。古代でもっとも高名な彫刻家。親友のペリクレスの依頼により、アクロポリスのアテナ・パルテノスの神像製作者として不朽の名を残した。オリュンピアのゼウス神像もフェイディアスの作である。

女の権利

女たちは奴隷もそうだったが、いかなる政治的権利や法的権利も持っていなかった。つまり、彼女たちは法が執行される現場には参加することができなかったのだ。区《デモス》の住民名簿に名が記載されることもなかった。女たちは文字通り余計者だった。アイアスは妻のテクメッサが彼に気にさわるような質問をしたとき、お前には意見を言う権利なぞない、と言い放った。

両親が死んで、後に息子ではなく娘を残したとき、その娘は「エピクレロス」（女相続人）と呼ばれ、遺産相続権はなかった。

遺産は彼女を通り越して彼女の長男、あるいは彼女の配偶者たる男に相続された。夫が子供を作る能力がなければ、彼女は夫にもっとも近い父方の親戚の男と性交渉を持ってもよい法的権利があった。そして、彼女の相手に選ばれた男は、彼女と少なくとも月に三回交わる義務があった。

離婚

夫は妻が浮気をした場合に限らず、好きなときにいつでも離婚できる権利を持っていたが、それでも離婚はそうたびたび起こりはしなかった。妻が浮気もしないのに離別したりすれば、夫は妻の持参金を返さなければならない、という事情が夫を縛っていた。妻の不妊症は離婚の原因になった。夫は石女《うまずめ》の妻を離別することによって、国家に忠実に聖なる義務を遂行したのだ。夫は妻が身ごもっていても離別する権利を持っていた。

スパルタ王でレオンの息子アナクサンドリダスは妻を大変愛していたが、子が生まれなかったので監督官は王に妃を離別するよう迫ったが、アナクサンドリダスは妻を離別しないまま、新たに子を産める女（テクノポイオン）を娶った。二人の妻を持つことはスパルタでは許されなかった、とヘロドトスは伝えている。これは王ゆえの特例だった。

妻のほうは、夫を望むときに追い出せるというものではなかった。ただし、夫に同性愛者がいるときは別だった。とはいえ、それも夫を追い出すのではなく、自分で家を出たのだ。妻が離別を望んだときには、アルコン（行政官）に離婚を決意するに至った原因を報告しなければならなかった。アルコンは妻の真剣な訴えを尊重せねばならなかったが、そうはいっても離婚を求める妻の訴えを、アルコンが聞きいれることはなかった。

夫の浮気が離婚の原因にはならなかった。アルキビアデスは高貴な家の出であるヒパレテを妻に迎えていた。ところが、彼は絶えずヘタイラを家に連れ込んでは妻に辛い思いをさせていた。あるとき、彼女が実父の家に帰ってしまうと、アルキビアデスは力ずくで彼女を家に連れ戻し、それ以後死ぬまで手放さなかった。

結婚時に妻が持ってきた持参金は、結婚生活が続いている間は夫が管理した。離婚したり、未亡人になったりした場合は、この持参金は彼女の世話を引き受けた男（後見人）が管理した。後見人は妻の父方の近親者か、妻の息子たちでなければならなかった。

スパルタでは、夫が性的な面で妻を満足させることができない場合には、妻は他の男と性的な関係を持つことが許されていた。ポリュビオスは、元気な子供の父親は丈夫な子供をもうけるために他の女と性交渉を持つことができた、と伝えている。

観劇

女たちが観劇に行けたことはすでに述べた。このことは彼女たちがたびたび家を空けたことを意味している。それというのも古代ギリシャでは、観劇の他に娯楽などはまったくなかったのである。

彼女らはいつも満ち足りていた。彼女らが見ないものはなかった。第七十八回オリュンピアで賞を得たアイスキュロスは『ライオス王』を書いた。この作品は少年を相手の同性愛がテーマになっている。恋愛ものではアイスキュロスが出色であった。アイスキュロスはまた『ミュルミドン人』を書いたが、これも妻の浮気による殺人を扱っている『アガメムノン』と同じように、アキレウスとパトロクロスとの恋愛（同性愛）を扱っていた。

ソフォクレスは『アキレウスを愛する男たち』というサテュロス劇を書いたが、その中で、ペリオン山でケンタウロスのケイロンに愛されるアキレウスのことや、その他たくさんの卑猥なことを描いている。

エウリピデスは『クリュシッポス』という劇を書いた。その中でライオスとクリュシッポスとの関係について、エウリピデスはライオスは歴史上初めて同性愛を実行した人間だ、と言っている。(1) 彼はまた『アイオロス』という作品の中では、カナケと彼女の弟のマカレアスとの恋を描いている。

フェネクラテスはアルキビアデス(2)を非難する作品を書いているが、その中で彼はアルキビアデスのことを男たちと関係を持ち、女性にとって危険な存在である、と言っている。アルキビアデスは以前はともかく、今はあらゆる女たちの男である、と言ったのもフェネクラテスだった。

エウポリス(3)はカリアの金持ちの浪費家の寵児だったアウトリュコスを描いた喜劇『アウトリュコス』を書いた。エウポリスはまた『バプタイ』という作品の中で、アルキビアデスの女性遍歴を繰り返し批判している。また、彼は少年相手の同性愛に捧げる『おべっか使い』をも書いた。

アリストファネスは喜劇『アカルナイの人びと』を書いて、男根崇拝に触れている。また、二人の娼婦と一人の老婆との激しいやり取りを描いた『民会での討論』を書いた。

イタリア南部の町トゥリオイ出身のアレクシス(4)は二百四十五編もの喜劇を書いたが、その中の一つ『競争』はヘタイラについて報告している。

ティモクレスは喜劇『山育ちのアウトクレイデス』を書いた。その中で、自らは同性愛者でありながらヘタイラたちに追いかけ回されるアウトクレイデスの恋を描いている。

アレクシスの甥メナンドロス(5)は『夫婦』(または『クリス』)を書き、そこで好色な男カブリアスの息子クテシッポス――自分の放蕩のために父親の墓石を売った男――のことを描いた。

なおメナンドロスは『弄《もてあそ》ぶ者たち』を著わして、富裕なアテナイ人カリシオン家の出であるスミクリネの娘パンフィレのレイプ事件についての物語を描いた。さらに、彼の代表作を挙げておこう。

『憎まれし者』　戦争の略奪品として美しいクラティアを奪った兵士トラソニデスの物語。

『髪を切られた者』　富裕なコリント人パタイコスの人生の周辺。妻が双子を産んだために貧しくなった男の話。

『シキュオン人』　一人の息子を手元に置き、もう一人を養子に出したアテナイ人スミクリネの人生の周辺を描いた。

『サモスの女』　サモス島のヘタイラ、クリュシダと関係を持った富裕なデメマスの人生の周辺を描いた。

『半神』　若者に乱暴されて双子を生んだ処女ミュリネの物語。

『農夫』　これもミュリネの物語。

『気むずかし屋』　アッティカの貧しい農民クネモナスと或る未亡人との結婚話。


メナンドロスはその喜劇で、特に恋愛結婚を賞讃した。彼は言った、「もし相手の選択を間違わなければ、結婚した夫婦ほど幸運な者はいない」。彼は結婚によって得られる心の喜びよりも、持参金を計算する者を非難した。

悲劇詩人フリュニコス(6)は劇中でまず女の面の皮を剥ぎ、それから『ミレトスの陥落』という悲劇を書いた。その中で、フリュニコスはペルシャ軍によるミレトス略奪の際に、ミレトスの住民が虐殺されたことを書き綴っている。彼のこの詩作は人びとの怒りとともに涙を誘ったため、非難されて、彼は千ドラクマの罰金を払わされるはめになったのだった。

（1）タンタロスの子ペロプスのもとに庇護を求めたライオスはペロプスによって一子クリュシッポスの養育係を命ぜられたが、いとおしさのあまりクリュシッポスを愛するようになり、とうとう凌辱したといわれる。
（2）（前四〇四没）　アテナイの政治指導者。アテナイ人にとっては、彼は洗練された貴族の代表であるとともに、ありとあらゆる利点に恵まれ、聡明であり、また悪徳と有徳の双方にぬきんでていた。

(3)(前四二九頃－四一二活動) 喜劇詩人。古喜劇のもっとも著名な詩人の一人。クラティノスやアリストファネスと並び称された。

(4)(前三五〇以前－二八〇以降活動) メナンドロスの師、またはおじとも称された。

(5)(前三四二／一－二九三／二) 新喜劇詩人。アッティカ新喜劇を代表する。生涯で百八編の喜劇を書いたが、喜劇詩人としてのメナンドロスの名声は後世九百にも及ぶ古代作家たちの引用によく表わされている。メナンドロスは持ち前の深い人間愛と皮肉を交えた共感とによって、大多数のごく普通の人々は愚かだが基本的には善良であることに気づいていた。そのために、彼の喜劇はその本質において普遍的な真実味を帯びている。

(6)(前六世紀－五世紀) 悲劇詩人。アイスキュロスの競演者のうちでもっとも卓越した人物。『ミレトスの陥落』を上演して観客を涙に暮れさせ、同胞の不幸を思い起こさせた罰として罰金を科せられたのは本文に書いてある通りである。ミレトスは小アジアのイオニアの都市で、アテナイの植民地だったのだが、ギリシャ遠征途上のペルシャ軍により必死の抵抗もむなしく都城は陥落させられた。

飲食

古代ギリシャの饗宴《シュンポシオン》はよく知られている。これは大勢の人びとがともに食事をすることで、今の言葉でいうと飲食とか宴会を意味した。語源は「シュン」(＝一緒に)＋「ピノ」(飲む)の合成語「シュンピノ」(一緒に飲む)という動詞に由来する。

宴席で生のワインをやたらに飲むことが良いとはされていなかったので、人びとは酔いを避けるためにワインを水割りで飲んでいた。現代ギリシャ語のクラシ(ワイン)は水とぶどう酒を混ぜたものという意味である（クラシのクラは「混ぜる」という意味）。こういう席で一緒に飲む者は聡明な精神を持っていなければならなかった。言い換えれば、会食に品のよさと気高い精神とを添える必要があったということである。人びとはまじめなテーマについて話し合ったり、詩を読んだり、気の利いた遊びをしたり、また謎解きなどもした。シュンポシオンの間ずっと音楽を奏で、歌を歌ったりもした。

人々のこうした生活は快楽を、憂いのない快楽を謳歌するものだった。特に性の快楽は大きかった。プラトンの弟子ヘラクレイデス・ポンティコスは著書『快楽について』の中で、贅沢で派手な生活や快楽は行政官階級の特権であり、労働と労苦は奴隷や貧乏人のやることだ、と語っていた。

贅沢や快楽を楽しむ者は広い考えと良い性格の持ち主であり、他の人びとからより多くの尊敬をかち得る、とも語った。

「私たちの時代は快楽の時代であり、食べたり飲んだり愛し合うことが私たちの生活の中心である」、と前述のアレクシスも述べていた。

さてまず初めに、食べることについて述べよう。肉と魚と上等なワインが彼らの嗜好品であった。彼らはまさに美味礼賛者だったのだ。シュンポシオンはタレイア（宴会）とも言われていた。この言葉からはアタスタリア（傲慢不遜）という言葉も生まれた。というのも、人は初めて食をめぐる争いごとを起こし、ときには死をも招いたこともあったからである。

シケリアのゲラ出身のアルケラストスは当時一流のグルメであって、魚の料理法やおいしい酒の肴の作り方を教えていた。彼は『料理の本』も書いた。リュンケウスとカリマコスはこれを「豊かな暮らし」と呼び、クレアルコスは「食事の食べ方」と呼び、他の人びとは「料理術」と呼んだ。『料理の本』は次のように始まっている。

「全ギリシャにとって役立つ本を私は書こうと思う。豊かな食卓で作法に則ってみんなで食事をしたい。食卓を囲む人数は三人ないし四人。五人でぎりぎり、それ以上は駄目。ふんだくったもので食事をする軍隊のキャンプだったら、多すぎることはないが。」

古代アテナイにはグルメがたくさんいた。そんな人に、キュテラ島出身の詩人フィロクセノスがいた。あるとき、シュラクサイの僭主ディオニュシオスがフィロクセノスを食事に招待した。フィロクセノスはディオニュシオスが皿に大きな一匹の甘鯛をとり、フィロクセノスの皿には小さなのを一匹とってくれたのを見ると、その魚を手にとって、あたかもその魚から何かを聞き出そうとでもするかのように自分の耳元へ持ちあげた。

ディオニュシオスがなぜそのようなことをするのかい、と尋ねると、フィロクセノスは答えるのだった。

「私は今日このごろ『ガラテイア』〔愛の喜びを自ら実践したシケリアの海のニンフ、ネレイデスのこと〕を画いているのですが、この甘鯛から、予言の能力をもっている海の老人ネレウスについて少し聞きたいことがあるのです。ところが、残念なことにこの甘鯛は小さなときに網に引っかかってしまったために、たいした情報を私にもたらしてくれなかったのです。あなたのは私のより大きいから、たぶん私がネレウスから聞きたいと思っていることをたくさん知っているかも知れません。」

これを聞くと、ディオニュシオスは心から大笑いして、大きい甘鯛をフィロクセノスに与えた、という。
このディオニュシオスについては、歴史家のクレアルコスが次のような話を伝えている。ディオニュシオスが母親の国ロクリスの地に着いたとき、娘たちに、考えつくかぎりのみだらなことをやってみよ、と命じた。ところが、まもなく娘たちはロクリス人に捕まってしまった。ロクリス人は彼女たちを思うまま凌辱して欲望を満たした後、爪の間に針を打ち込んで殺してしまった、と言う。

サガリスもやはりグルメだった。彼はビトゥニア人のところに住んでいた。サガリスは女のような仕草をする人で、動作がひどく鈍かった。彼は噛む手間をかけたくなかったから、乳母が最初に噛んでやらないと、決して食べ物を口にしなかった。自分の手をへそより先に伸ばすことはなかったから、小便をするときも面倒くさくて、ペニスに手を触れなかった。

エウリピデス(1)は際限のない腹部の快楽を非難した。それは多くの人びとにとり諸悪の根源なのだ、と言った。またディオゲネス・ラエルティオスは言った。「グロテス、ガストロスカイ・アイドイオン・クラテイ」、つまり、おしゃべり、暴食、過度のセックスを慎みなさい、と。

肉や魚や鶏肉以外に人々は蜂蜜に関心を示した。蜂蜜を食べない者はいなかったが、デモクリトスは特にたくさん食べていた。彼は長生きしたので人生に飽きてしまい、空腹のまま人生を終わらせたいと望んだ。しかし、時期がちょうど「テスモフォリア祭」に当たっていたので、死で祭を台なしにしてはならなかった。それで親戚は彼に、祭を祝うためにもう少し死ぬのを延期しろと言った。するとデモクリトスは、蜂蜜がはいっている壺を一つ持ってきてくれるよう頼んだ。彼は蜂蜜のにおいだけで数日間生き延びた。デモクリトスはいつも言っていたのだ、きみの体内は蜂蜜で浸し、体外はオリーブ油を塗っておけ、と。

「サルディニアの近くに住むコルシカ人は蜂蜜をたくさん食べるので長生きするのだ」、とは医者のリュコスの口癖だった。

野菜の中ではサラダ菜はあまり高く評価されていなかった。というのも、カリマコスやその他かなり多くの人びとがあまりたくさんサラダ菜を食べるとセックスを不能にすると説いて回ったからである。そのため、アフロディテは恋人のアドニスを一株のサラダ菜の中に隠した、と言われている。ピュタゴラス派の人たちはサラダ菜を「エウヌコ」（宦官）と名づけた。女たちはこれを勃起を起こさず（アステュテ）、オルガスムスに達しない（アカウロ）ものと呼んでいた。

そら豆については、プルタルコスは腸内にガスを発生させるから性欲を亢進させる働きがあると信じていた。イオアニス・リュドスは『（女性の）月のものについて』の中で、そら豆と女性の生理とは関係があると書いている。アリストテレスは生殖器をそら豆にたとえている。

オウィディウスは玉ねぎとキャベツが好きだと言っている。シフノス島の医者ディフィロスは玉ねぎは胃に重いが、栄養があって精がつくし、体の中をきれいにしてくれるが、視力を弱くする、と信じていた。

ヒヨコマメについては、ディフィロスは消化は悪いが体をきれいにしてくれるし、利尿作用があると言い、また松の実は松脂が入っているから血液をさらさらにしてくれるし、気管支を掃除してくれる、とも言っている。

ムネシテオスは松の実は栄養があり、食べると太るし、消化もよく利尿作用もあると言っている。オリーブについては、ディフィロスはあまり栄養はなく、食べると頭痛を起こすし、黒オリーブは胃を重くするし、グリーンの石で叩いてすりつぶしたオリーブは黒オリーブより消化がよい、と言っていた。アリストファネスも、こうして造ったオリーブのことを書いている。

卵については(2)アナクサゴラスは白身を「鶏のミルク」と言い、エピグラム（警句）詩人のニコマコスは生卵のほうがよりおいしく、卵の殻に穴をあけて生のまま卵を吸って食べるのが良い、と言っている。オウィディウスも卵のほうが好物だったようだ。ヘラクレイデス・シュラクシオスはいちばん上等な卵は孔雀の卵で、鶏の卵はいちばんつまらないものだ、と言っていた。

果物では、人びとは何よりもスモモを好んだ。エフェソスの詩人イポナクタスは特にダマスカス産のスモモについて語っていた。スモモはダマスカスからやってきたものだった。ダマスカス産のスモモは「ブラビュラ」と呼ばれ、下剤として体内をきれいにしてくれるものとされていた。

さくらんぼは、特にミレトス産のものを冷たい水を飲みながら食べると、利尿作用があり、胃によいとされていた。桑の実は「シカミナ」とも呼ばれたが、滋養も少しはあり、胃によくて下剤にもなると見なされていた。

熟れていない桑の実は腸から回虫を追い出すために食べた。ピュテルモスは痛風がはやったのは桑の木が実をつけなかったときだった、と信じていた。

棕櫚の実は食べ過ぎると頭痛がしたため、あまり好まれなかった。アーモンドは食前に食べるのが好まれた。そうすることにより、たくさんワインが飲めたからである。エウポルモスはよく言ったものである、「ナクソス産のアーモンドはよくかんで食べなさい。ナクソスの葡萄畑からとれたワインを飲みなさい」、と。フリュニコスはアーモンドが咳によいと信じていた。

クラシ（ぶどう酒）は「オイノス」とも言うが、これはアイトリアの王オイネウスに由来する、と言われている。デウカリオンにはオレステウスという息子がいた。オレステウスはアイトリアに行って王となった。彼には犬が一匹いたが、この犬は子犬を生まないで、代わりに木の切り株を生んだ。オレステウスはこの切り株を土中に埋めてしまった。ところが、土中の切り株からぶどうのつるが生えてきた。そのためオレステウスは息子にフィティオス（「植物から生まれた」）と名づけた。フィティオスの息子がオイネウスである。フィティオスが息子の名をぶどう畑から採用したのは、ブドウ畑は「オイノス」と呼ばれていたからである。そしてオイネウスからオイノス、つまりワインが生まれた。シノペはこのことをプラトンもはっきり言っている、と主張した。

ワインのことを私たちは「オイノ」という。なぜなら、この言葉は「オイオヌス」——オイシ（空想）が頭にいっぱい詰まっている——または利益を意味する「オニシス」に由来しているからである。

アンティファネス(3)はフィディアスに言った、「きみは二つのものを除いては何でも隠すことができる。その二つのものとはワインと恋なのさ。ワインと恋は目ですぐにそれと分かってしまうものだ」、と。ソフォクレス(4)はワインは不幸を癒す薬であると信じていた。

人びとは白ワインは軽くて、利尿作用があり、体を温め消化を助けるが、しかし、蒸発するので飲むと頭に血が上る、と考えていた。

黒ワインは甘味はないが、栄養分が高くて血止めの作用があると信じられていた。とはいえ、甘ければさらに栄養価も高く、酔うことも少ないのだけれども。甘いワインは胃の中に長く止まっていて唾液の分泌を促す、とコス島出身の医者プラクサゴラスとカリュストス出身の医者ディオクレスは語っていた。

アテナイの医者ムネシテオスは黒ワインはどのワインよりも栄養価が高く、白ワインはより利尿作用が最大で、黄色味がかったワインとドライワインは消化を助ける、と言っていた。

極上ワインにはキオス島産のもの、特に「アリウシオ」と呼ばれるものがあった。栄養もあり、消化も良かった。また、ケルキュラ島の年代もののワインは美味だった。レフカダ島とザキュントス島[5]のワインは石灰分が入っていたので、飲む者にめまいを催させた。

大酒飲みはときどき度を過ごすことがあった。アテナイオスの言うところでは、小アジアのコロフォンの住民の多くは日の出も日没も見たことがなかった。なにしろ彼らは日没時にはすでに酔っ払っていて、日が出る頃にもまだ酔っ払っていたからである。そういうわけで、笛吹きや踊り子には法律に従って朝から昼までと、昼から灯火をつけるまでの時間帯だけ料金が支払われた。それ以外の時間、人びとは酔っ払っていて笛吹きも踊りも楽しむことができなかったからである。

人びとはワインで「コッタボス」遊びをした。これはキュリクス〔両耳つきの酒杯〕から飲み残したワインを青銅の容器の中に投げ込む遊びで、投げ込むときに愛する者の名を呼ぶのだった。青銅の容器に入るときのワインの音によって、名前を呼んだ恋人の愛の深さを占った。人びとはシュンポシオンでよくこの「コッタボス」遊びをした。

当時、人びとはワインを薬と思っていた。ネストル[6]は右肩に負傷をしたアスクレピオスの息子のマカオンに「プラメニオンのぶどう酒」――イカリアのプラムノン産の強いぶどう酒（名酒の誉れが高かった）――を贈っている。またヘカべはヘクトルにワインを薬用として飲むように勧めたが、ヘクトルは神々に奉献する酒を飲むのは慎みのない行為だと見なした。[7]

客をもてなしたいと思ったとき、女たちや娘たちは客人の髪をワインで洗った。シケリア王コカロスの娘たちはクレタ島のミノス王がシケリア島を訪れたとき、王の髪をワインでシャンプーしてもてなしたが、後に王に熱湯をかけて殺してしまった。

ワインは勃起薬として使われた。そのワインの中に植物のピュレトロを磨りつぶしたものを加えて使った。

多くの人は水を飲むのは蝉だけだと思っていたが、水を何よりも良い飲み物だと思っている者もいた。ホメロスもその一人で、彼は水には滋養があると書いている。ピンダロスは水は最善の飲み物だ、と語っていた。ホメロスは傷の治療に水を使っていた。[8]

コス島出身のプラクサゴラスは流水は身体をきれいにすると言っていた。また彼によると、ぬるま湯はテッサリア出身のトロイア戦争の英雄エウリピュロスの傷を小さくした、と言う。また冷水は出血を止める、ともいっている。ホメロスは岩から染み出る水は何の薬効もないが、泉水が身体に良いのは湧き出てくるからだと信じていた。

ピンダロスは泉水が不死の力を持つ、と考えていた。こういう水にはティルフォサの水、すなわちボイオティアの水があり、アリストファネスは予言者テイレシアスがその水を飲んだのがもとで死んだのは、もう大変な老人になっていてこの冷たい水に耐えられなかったからだ、と言っている。

テオフラストスはボイオティアのテスピアイの水は子どもを授かるのに適しているが、テッサリアのピュラの水は避妊に良い、と言っていた。

フィリノスは水を飲んだことがなかった。彼は牛乳のほうが好きだった。エリス〔ペロポネソス半島西部の都市〕の哲学教師アルキロコスとモスコスは水しか飲まず、無花果しか食べなかったが、彼らの汗は大変臭かったので、彼らが風呂に入ると、みな逃げ出すのだった。

デモステネスは水を好んだ。アンティゲネスは都市国家から少し離れたところにあるカリロエの泉水しか飲まなかった。彼はオリュンピアのアルフェイオス川やクラデオス川から、またデルフォイのカスタリアの泉から水を運んできたりした。また、ナイル川からさえ水を運んできた。彼はナイル川の水は長寿を保障してくれるものと信じていたからである。

(1)〔前四八五/四(?)-四〇七/六〕アイスキュロス、ソフォクレスと並ぶ三大悲劇詩人の一人。
(2)〔前五〇〇頃-四二八〕哲学者、ペリクレスの友人。「万物は一緒にあった」と主張した。
(3)〔前三八五頃活動〕喜劇詩人。中期喜劇の並外れた多作家。
(4)アイスキュロス、エウリピデスと並ぶ三大悲劇詩人。
(5)バルカン半島の西海岸、イオニア海にある小島。ラフカディオ・ハーン(小泉八雲)の生誕地。
(6)ペロポネソス半島の西海岸にあるピュロスの王。トロイア戦争においてギリシャ軍の長老として重きをなした。
(7)トロイア王プリアモスの妃。トロイア軍の総帥ヘクトルの母。
(8)〔前五一八(?)-四四六以後没〕テバイ出身の抒情詩人。ドリス風の合唱歌の伝統を最高度の伝統にまで発展させ、洗練させた。

民間療法

ある種の食べ物や飲み物や、その他のものの薬用成分について、詩人のアレクシスは球根が興奮剤になる、と考えていた。カニやカタツムリも同様とされた。デフィロスは玉ねぎを興奮剤になると考えたが、一方アリストファネスはレンズマメが興奮性を持つ、と考えている。

勃起用には「サテュリオン」、つまり胡椒をつぶしたものとイラクサの種とを混ぜ合わせたものを使った。「サテュリオン」について、ディオスクリデスは手に持っていたら興奮してきたと語っていた。

母乳は薬になると考えられていたが、特に病人の母親の乳は良いとされた。最近男子を生んだ母親の乳の場合は、これを犬に与えるとその犬は決して狂犬病に罹らないとされた。

母娘両方の母乳を混ぜて作った軟膏は眼病に免疫をもたらした。妊婦が野うさぎの睾丸か子宮を食べると、男子を生んだ。また野うさぎの胎児を食べると不妊症が治った。

プリニウスは次のように報告している。雌のカニを磨りつぶして細かい塩と水で混ぜ合わせたものを満月の後に飲むと、子宮ガンと傷口が治った。また男を不能にしたければ、ねずみの糞を塗ればよい、と言っている。また、生理中の女性がアペガノ（ヘンルーダ〔ニガヨモギ〕）に触れるだけで、この香草は枯れてしまうと信じられていた。

胡瓜やかぼちゃは生理中の女がちらっと見るだけで酸っぱくなったり、枯れたりした。ぶどうの若木は彼女が触れるだけで駄目になり、たらいの中の服は黒ずみ、髭剃り用の青銅の剃刀は錆び付いてしまった。彼女が鏡を見ると鏡は黒くなったが、鏡の裏側から凝視すると鏡は再びきれいになった。ディオスクリデスとテオフラストスはシクラメンの根は出産を早めると信じていたが、プリニウスは「ニュンフェア」という植物のハーブ茶を十二日間飲めば性的不能に陥ると信じていた。アブロトノン、別名アルテミシアという植物をベッドの下に置けば性的能力を回復した。

アスパラガスの根はお守りのように勃起を呼び起こすが、「ブリュア」という低くて赤い木の灰を牛の尾と混ぜると不能になる、とプリニウスは強調していた。

痔の治療には、アルカリ性の飲料であるアプシンティオン〔ニガヨモギを煎じたもの〕を患部に湿布薬として貼った。

テオクリトスは、ザクロの枝の髄はロバの右の睾丸から作ったお守りと同じく性的能力を強める、と信じていた。

プリニウスは男の子をもうけたかったなら、「クラタイオゴノン」の木から採れる汁を飲めば助けになる、と言っていた。朝鮮アザミも同じ効能を持っている、とグラウキアスは信じていた。また、彼は足元にアカンサス科の「アトラクテュリス」なる植物を置いておくと性不能者になる、と信じていた。

柳の枝は性的欲望を抑えると信じられていたから、人びとはテズモフォリオン〔デメテルを祀る女だけの祭〕の間中、ベッドに柳の枝を撒いておくのだった。(1)

クセノクラテスはマシュマロの果汁は女の官能を刺激するし、またその種を入れた袋を持っていれば穢れから身を守ってくれる、と信じていた。

ディオスクレデスは言っていた、もし男が男児を欲しいと思ったら、「オルキス」つまり「キツネのふぐり」(2)なる植物の根のいちばん大きいところを食べなければならないし、また、女が女児を欲しいと思ったなら、いちばん小さい枝を食べなければならない、と。

(1) ゼニアオイ科の植物。
(2) ランの一種。根を乾燥し、粉末にしたもの。タピオカのように食用、または薬用として用いる。

呪術

古代ギリシャ人が「バスカイネイン」(呪文を唱える)という動詞を使うことは珍しくなかった。呪文を唱えることは呪いを呼び起こすばかりでなく、逆に呪いを消すことをも意味する。人びとは呪いを恐れていた。呪いはほとんどの場合、状況を一変させてしまう。呪いによって髪の毛を抜け落とさせたり、あらゆる敵を性的不能者にしてしまうこともある。

オウィディウスも言っているように、呪いには蠟人形が使われた。肝臓が性能力の源であると信じられていたので、蠟人形の肝臓の真ん中に針を刺すことによって男を性的に不能にすることができる、とだれもが信じていた。

女性の初めての血や血の混じった小水を家の戸口にかけると呪いは解けた。初潮の血や初めての性行為の後のものは大変な効果がある、と信じられていた。月桂樹と一緒に生理のものを畑に埋めると、霰《あられ》が呪いを解くと人は信じていた。生理のときの血を染み込ませた布を胡桃の木の下に埋めておくと、その胡桃の木は枯れない、と信じられていた。

人びとは邪眼を大変恐ろしいものと信じていた。邪眼の恐怖を打ち消すために、人びとはあえて恥ずかしいこともした。つまり、自分の家に男根を象ったものを置いた。そして、特に効果を大きくするためには男根を植物の形にするのが良い、と信じていた。その他、女性の性器を象ったものとして、無花果の模型を置いたりした。

地下の世界(冥府)

命は万人に用途が与えられているのであり、個人に与えられているのではない、とルクレティウス(1)は言った。それだから、万人はいつか死を迎えることになる。死後はたしてどうなるのだろうか。古代人は人が死んで魂がその体からいったん離れても地下世界で生き続ける、と信じていた。地下では魂は解放される。死者は将来を見通し、嫉妬深い者たちに罰を与えることができた。特に彼らは復讐者たちであり、彼らは人生を楽しむことなく早死にした人たちだった。

死者の魂は洞穴や地の割れ目から地下世界へ降りてゆくと信じられていた。地下世界にはケルベロス(2)が寝ずの番をしていた。ケルベロスは死者が地下世界から出てゆくのを決して許さなかった。ただし、オデュッセウス、ヘラクレス、テセウスなどの英雄(3)は例外だった。もっとも、妻のエウリュディケを連れ戻しに行ったオルフェウスのように、生きている人間が冥府に降りてゆくのは差し支えなかった。

人びとは地下世界に降りてゆく道標としてネクロマンテア(4)を建てた。死者はこのネクロマンテアを目印に冥府に降りていったが、生きている人間もネクロマンテアを使って死者と強力な交信をすることができた。死者を呼び出すためには牛乳、蜂蜜、ぶどう酒、水、小麦粉、それに動物の血を捧げて死者の魂を宥めた。(5)ネクロマンテアはタイナロン岬〔ペロポネソス半島最南端〕、ヘルミオネ、コロネイアにあったが、もっとも有名なのはテスプロティアにあるものだった。テスプロティアのネクロマンテアは私たちギリシャ考古学の鶴嘴が発見したものだが、イオニア海沿岸から東へ、つまり内陸へほぼ四キロメートル入った所、現在のプレヴザ県のメソポタモ村付近にある。ここは洗礼者ヨハネの修道院跡で、今はシナイ半島にある修道院の保護下にある。

ネクロマンテアは広範囲に存在した。現在の西ヨーロッパ諸国にまで及んでいたが、後にキリスト教が広まるにつれてネクロマンテアは姿を消したのだった。

（1）（前九五頃－五五） ローマの哲学者、詩人。人の魂は永遠でなく、後に肉体と一緒に消滅すると言った。

（2）地獄の番犬。三つの頭と蛇の尾を持ち、背中にはたくさんの蛇の頭が一列になって生えていた。逃亡を企てたハデスの国（死者の国）の住民を捕らえて食うのが役目だった。

（3）オデュッセウスはキルケの助言で故郷のイタケに帰る方法をテイレシアスに訊くために冥界を訪れた。ヘラクレスは課せられた十二の功業の一つとして冥界の番犬ケルベロスを摑まえるべく冥府に降りていった。テセウスは僚友のペイリトオスと一緒に冥界の女王ペルセフォネを略奪するために冥界に行った。このペルセフォネ略奪の試みは失敗に終わり、二人は忘却の椅子に縛りつけられたが、テセウスだけはヘラクレスによって救助された。

（4）「降霊術」（死者の魂を呼び出して話をする）のこと。ここでは冥界の入り口を示す道しるべ。
（5）魔女キルケがオデュッセウスに与えた助言。「〔冥界の入り口についたら〕穴を掘りなさい。それからその穴の縁《ふち》に立って、すべての亡者に供養するのですが、はじめに乳と蜜を混ぜたもの、ついで甘美の酒、三度目には水を注ぎ、その上に白い小麦粉を振りかけるのです。それから亡者たちに向かって、懇《ねんご》ろに願をかけ、……仔を産まぬ牝牛の中で最良のもの一頭を供え……なさい」（『オデュッセイア』第十歌、松平千秋訳、岩波文庫（上）、一九九四年、二七〇−二七一頁）。

結婚

メナンドロスは結婚は「望ましくて悪いもの」と言ったが、現在の私たちは「必要な悪いもの」〔必要悪〕と言っている。アテナイで初めて結婚制度を採用したのはアテナイ王ケクロプス[1]だった。それまでは、女はみんなのものだった。

ビザンティウムの文人ストバイオスは「結婚することは良いことではない」、と言った。喜劇作家のアレクシスは、「頭のいい人で、万事うまくいっている人は結婚して自分の人生を投げ出すべきではない」、と言った。

人びとがソロンになぜ結婚しない者に罰金を科さないのかと尋ねると、彼は「妻というものはすでに重い罰金だよ」、と答えたという。

プラトンは「結婚は義務である。なんとなれば、結婚して初めて人びとは市民として国と神に義務を果たせるのだから」、と語っていた。

独身者は税金を払うべきだ、というのがプラトンの信条だった。リュクルゴス(2)は結婚しない者を法律で罰した。リュクルゴスは彼らに「結婚しない罰」を科したのだ。また、リュクルゴスは正しくない結婚をした者には「悪い結婚をした」廉により、罰を科した。

結婚に関する罰はまだほかにもあった。

まだ年端もいかぬ妻と結婚した男たちは「見せかけ結婚」と見なされて、訴えられたのである。このような男の一人にニコマコスの息子で、銅像製作者だったアルキダモスがいた。

夫婦のふさわしい年齢について、ヘシオドスは女の年齢は十六歳、男のほうは三十歳ぐらいがよいとした。アリストテレスも同じように考えていた。アリストテレスは次のようにも語っていた。男は女より十六歳ぐらい年上のほうがよい。こうすれば人生の階段を一緒に降りることができるからだ、と。

ヘシオドスは女は男より早く盛りを過ぎてしまう、という考えに賛成だった。エウリピデスもそう考えていた。若さは女の身体からは男よりも早く去ってしまう、と。

リュクルゴスが法律で定めた「未婚の者」に対する罰は厳格に適用された。しかし、一般人の考えも青年に早く配偶者を選ぶように迫ったので、この法律に叛くような場合は稀だった。長兄に男児が生まれると、家族が次の子も男子をと強く願うものだから、下の弟たちはこれをだしにして、結婚のチャンスがあってもこれを避ける者もいた。

結婚仲介人はあまりいなかったが、こういう人は「プロムネストリエス」とか「プロムネストリデス」(プロムネストリア〔結婚を媒介する女〕の複数形)と呼ばれていた。プフトンは、こういう女のことを耳にするのも嫌った。プラトンはそういう女は売春の斡旋屋だと思っていたのだ。ヘシオドスもそういう女たちを嫌っていた。

ヘシオドスは青年は配偶者として選ぶ女性を自分で良く知らなければならない、女性の生活を知るためには近所に住む女性が良い、とした。もし知らない女性と結婚して失敗したときには、近所の人びとを喜ばせることになるから、というのが彼の言い分だった。

スパルタでは結婚に関する法律がなかった。そもそもスパルタでは結婚しない者は社会で相手にさえされなかったから、結婚しない者などはいなかった。結婚しなかった者については、次のような話が伝わっている。

ある将軍、その名もダルキュリダスなる将軍が、あるとき、若者に席を譲れと命じると、その若者は、あんたは結婚していないのだから俺に席を譲っても良いだろう、と平然と答えたというのである。

（1）アテナイ初代の王。半人半蛇の姿をした、地から生じた蛇だったが、人間の姿も分け持っていた。アテナ女神の秘蔵っ子と言われる。この女神の庇護のもとに一夫一婦の結婚制度の基礎を築いたのを始め、諸々の法律を設けた。アッティカでは彼から、人間にふさわしい生活が始まった、と考えられている。

（2）（前六五〇年頃？）スパルタの政治家。スパルタ特有の社会・政治制度はリュクルゴスが創ったものだと考えられているが、彼についてはいつの頃の人だったのか、実在の人だったのかどうかさえはっきりしていない。

配偶者の選択と結婚式

娘の結婚相手を決めるのに当人の承諾は必要なかった。結婚相手を選ぶのは彼女ではなく、彼女の「主《あるじ》」だった。「主」というのは彼女の父親か、祖父か、保護者(後見人)のことだった。ヘロドトスは自分の娘たちに、目を見張るような持参金を与えて娘たちが勝手に男を選ぶ権利を与えたために、狂人扱いされた男の話を告げている。結婚する娘は父親の意のままだった。

人びとはよく「エクドシ」なる言葉を使ったが、これは娘を父親の許から彼女の配偶者、すなわち新しい主人の許に移送することを意味した。

結婚前には花嫁に贈物がなされた。このお祝いのことを「エドナ」と言った。贈物をしてもらえない花嫁も多く、そういう花嫁は「アネエドノン」(贈物をもらえない女)と呼ばれた。

結婚の贈物をもらえなかった花嫁としては、トロイア王プリアモスの娘カッサンドラの例がある。カッサンドラはアガメムノンによってミュケナイに連れてゆかれる前にオトリオネウスに嫁いだが、このときは結婚前にエドナをもらわなかった。カッサンドラを妾にしたアガメムノン(1)は彼女に贈物をしなかった。その代わりに彼はプリアモスにトロイア城は落とさないと約束したのだったが、この約束は反古にされ、トロイアは陥落した。

結婚は「保証」をもって始まった。それは婚約者と娘の父親あるいは親権者との間での口頭による協定(同意)だった。この協定には保証人が必要だった。協定の席には未来の配偶者(花嫁)は居なくてもよかった。

ホメロスの時代には、婚約者は花嫁の父親に贈物をしたのだが、この時代には女性のほうが持参金を持ってきた。こういう手続きをすることで、法定の結婚は同棲生活から区別された。花嫁が貧しいときには、国家がこれを補助した。アリステイデスの二人の娘は、父親が貧しかったため国家からそれぞれ三千ドラクマずつ支給された。

保証は単なる結婚の約束ではなかった。それは結婚する二人の男女の間に強い絆を創り出すことだった。もし保証を守らなければ神々に罰せられる、と信じられていた。ゼウス、ヘラ、アテナとアルテミスが結婚を守ってくれる神々だった。このため、結婚の前日にはこれらの神々に犠牲を捧げた。犠牲となる動物の体から胆嚢を取り除いたのだが、そうすることによって結婚生活から苦いところを除去するという意味だった。結婚当日には、アフロディテだけに犠牲が捧げられた。花嫁は結婚当日に娘時代に愛用したおもちゃや、その他、彼女らが大好きだったものも奉納した。また、カールした髪の毛少々とベルトをも神々に捧げた。髪の毛やベルトの奉納は娘時代との訣別の象徴だったのである。

次に浄めの儀式である花嫁の入浴の儀式が行われた。浄めの水はカリロエの泉(2)から運んできた。人びとは行列を整え、壺を持った笛吹きを先頭に、蠟燭を持った付き添い女たちが続いた。そして、花嫁の入浴用に水を差しだす「ルトロフォロ(3)」と呼ぶ少年(女)が壺を手に練り歩いた。テバイでは、入浴用の水をイスメノス川から運んだ。入浴は花婿もした。

結婚当日は花婿と花嫁の家をオリーブと月桂樹の小枝で編んだ冠で飾り、花嫁の父親の家で食事をした。この父親の家も同じように飾りたてられ、花嫁には「結婚式の介添え人」(仲人)が侍っていて、結婚式をあれこれ指図した。花嫁の衣装は色彩豊かだが、花婿の衣装は純白だった。

花婿のかたわらには結婚式の花婿の付添い人《パロホス》と呼ばれる少年が一人控えていた。食事にはゴマ入りの甘い菓子が出されたが、これは豊穣を保証するものと考えられていた。そして、両親がまだ達者でいる一人の少年が籠に入れたパンを配って歩いた。

結婚式は満月の日が好まれた。ほとんどの場合、特に冬の最初の月、アッティカ暦でいうと第七の月に相当するガメリオンの月に行われた。

結婚式の夜には、新郎新婦の新居に付添い人が馬車で彼らの家に付き添って行った。馬車は二頭のラバか牛が引き、御者は花婿の友人がつとめた。馬車の後には親類や友だちが火のついた蠟燭を持ち、結婚の神であるヒュメナイオスの歌をキタ一ラの伴奏つきで歌いながら歩いて行くのだった。新郎の家に着くと、花嫁が新郎の家から逃げ出さないようにと、多くの場合、馬車の車軸を焼いた。

家の入り口には、新郎の父親がギンバイカで作った花冠を持ち、母親は大きな蠟燭を持って二人を出迎えた。そして、両親が新婦に胡桃と干し無花果を投げた。それから、多産のシンボルであるゴマと蜂蜜とからなる菓子とマルメロまたはナツメヤシの実を贈った。これは多産のシンボルだった。

最後に、新郎新婦は「タラモ」(花嫁の部屋)に入った。そして彼女はベールを外した。戸が閉められ、新郎の友人が一人、部屋の外で見張りをした。他の友人たちは「祝婚歌」を繰り返し歌い、また騒々しい音を立てたりした。これは悪霊を追い出すためと、花嫁が処女を失うときの声が人に聞こえないようにするためだった。

女性が男性の家に嫁ぐと決まっていたわけではなく、男性が外国人だったり、家や財産がなかった場合、あるいはまた、女性の家に男の子の跡取りがいないときには、男性が女性の家に婿入りして生活することもあった。

結婚式の翌日、花嫁の親戚は彼女の家に集まって「新居」（エパウリア）を祝った。これは誰か大切な人を守るために一晩その人のそばで野営するという意味のギリシャ語「エパウリゼサイ」に由来している。その際には、花嫁の両親または親戚が「保証」のために約束した持参金をもってきた。

結婚式の翌日、新郎の父親の家でなされる食事会には男たちだけが出席した。花嫁は出席しなかった、料理はしたのだけれども。

メネラオス[4]は娘のヘルミオネの結婚式を花婿であるアキレウスの息子ネオプトレモスの家で行った。息子のメガペンテスの結婚式は自分の宮殿で行った。

スパルタ人の場合、新婚の二人の間に愛情があるかどうかが多少は問題になった。実際スパルタでは、これから結婚しようとする者は以前からお互いに知っており、愛し合って結婚する場合が多かったから、これこそリュクルゴスが望んでいたことだった。彼は結婚はお互いの愛情によって成り立つもので、利害関係に基づくものではない、と常々主張していた。それだから、花嫁の持参金を法律で禁止したのだった。

スパルタできわめて重要だったのは健康な児を産むための法律、今日でいう優性法であって、これは法規で定められていた。これは夫が年取っていたり、性的に不能だった場合に、妻が子どもを産むために他の男を家に呼び入れる権利を妻に与えるという法律だった。

スパルタでは、結婚も（アテナイとは）多少違っていた。プルタルコスによると、結婚式を取り仕切るのは女で、アテナイと同じように「結婚式の介添え人」（仲人）と呼ばれていた。式が終わって二人が新郎の家に着くと、この仲人女は花嫁の頭に剃刀を当てて、丸坊主に剃った。それから花嫁に男装させ、暗い部屋の真ん中に敷いたマットレスに彼女を寝かせた。

新郎は初めは共同の食卓で他の人たちと一緒に食事をした。それから花嫁の待っている暗い部屋に入り、彼女の帯を外し、別のベッドに連れてゆき、そこで彼女と夫婦の交わりをした。その後、テントに戻って同僚と一緒に寝た。こういうやり方は長い間続き、多くの男たちは夜間にだけ妻を訪れて子をもうけるのだった。

このように、スパルタの結婚はアテナイのそれとは大違いだった。それはアテナイだけではなく、他の都市国家のものとも違っていた。シキュオンの僭主クレイステネスの娘アガリスタの家では、ちょっと面白いことが行われた。クレイステネスは娘婿を選ぶために十三人の求婚者を招待して、一年間も客としてもてなした。最後に花婿の候補者をメガクレスとヒッポクレイデスに絞ったが、クレイステネスとしてはメガクレスよりヒッポクレイデスのほうが好ましかった。

いよいよ花婿の発表をする日がきた。クレイステネスは十三人の求婚者を全員招待して盛大な披露宴を催した。この席で、ヒッポクレイデスがテーブルの上にあがり、まずスパルタ踊り、それからアテナイ踊りを演じた。それから、テーブルの上で逆立ちをして足で仕草をして見せた。こうしたヒッポクレイデスの振る舞いを見て、クレイステネスは嫌けがさし、こんな男を娘婿にするわけにはいかないと考え、ヒッポクレイデスに言った、「ヒッポクレイデスよ、お前は踊りでわが家の婿になるチャンスを失ったぞ」。

これに対してヒッポクレイデスは答えた、「ヒッポクレイデスはかまうものか」（うーむ、参りました）。

このようなわけで結局、アガリスタの夫にはメガクレスが選ばれたのだった。

（1）トロイア戦争のときのギリシャ軍の総大将。ミュケナイの城主。
（2）この泉はその昔、自然に湧き出る清泉だったことから、カリロエ（「清流」）と名づけられた。往時の住居区域に近かったので、古人は婚礼や祭礼などのもっとも重要な儀式に用いる水をここに仰いでいた。現在のアテネ市内ゼウス神殿の近くにあった。
（3）（アテナイで）結婚式の当日にカリロエの泉から水を汲んでくる役を果たした新郎の近親の少年（女）。
（4）スパルタ王、アガメムノンの弟。王妃のヘレネがトロイアの王子パリスに略奪されたのが原因で、トロイア戦争が勃発した。

持参金

多額の持参金を持つ花嫁はそう多くなかった。人びとはこういう花嫁を羨みもしなかった。プルタルコスは言っていた、持参金つきの妻に縛られるよりは金の鎖で縛られたほうがましだ、と。彼はまた、新婚夫婦に捧げる『結婚の奨め』なる本や、『女の美徳』なる本も書いた。この本の中で、彼はペリクレスの墓碑に刻まれていた大変素晴らしい言葉を引用している、「もっとも良き妻とは、褒められるにつけ、貶されるにつけ、その名を世間でもっとも聞くことの少ない妻だ」と。

「ミスゲスタイ」と「テルペスタイ」

夫婦間にはほとんどの場合、真の愛情はなかった。心の絆もなく、夫婦の交わりも子供をもうけることだけが目的だった。夫婦間の性行為を表わすのには《ミスゲスタイ》（「交わる」）という動詞が使われた。本物の快楽を与えてくれる性行為を表わすのには《テルペスタイ》（「歓ぶ」）という動詞が使われた。男たちは毎日アゴラに出かけたり、民会に出席したりした。女たちは終日、女部屋で過ごすのだった。

だから、《ミスゲスタイ》は妻との交わりのためであり、《テルペスタイ》はヘタイラや笛吹き女、娼婦との快楽を目的にした性交渉のためだったのだ。こういう女たちとの性行為で男は心の緊張を解いて、心ゆくまで楽しんだのだ。

その当時、妻という名の女よりも、ヘタイラのほうが愛するに値する、と言った男もいた。彼によると、妻の座は法律上保証されているから、妻とは夫が好きであろうがなかろうが、一緒に暮らさなければならないものであるが、ほかの女たちは良いサービスをして男を引き止めておかないと、別の男を探さなければならなくなることをよく承知しているからだ、というのである。

男は妻を家事女でもあり、子供たちの母親でもある、としか見なしていなかった。三十年間も続いたペロポネソス戦争はアテナイ人の道徳観を変えることになる。女たちは或る程度自由を享受するようになった。この点では、ソロンの法律が彼女たちに役立った。それだから、彼は「女の法律」と呼ばれたりしたのである。

夫を亡くした妻は「女子相続人」と呼ばれたが、財産の相続人にはなれなかった。財産の相続人はあくまでも彼女の親権者であり、夫が死ぬと、彼女の息子か再婚した新しい夫が新たに彼女の親権者になるのだった。そして、女子相続人を娶った者は少なくとも月に三回は彼女の閨《ねや》を訪れなければならなかった、ということはすでに述べておいたところである。(「女の権利」の項参照)

これはソロンの立法によるもので、これについてプルタルコスは次のようにコメントしている。「たとい子供ができなくても、これ〔夫が妻の閨《ねや》を訪れること〕は貞淑な妻に対する夫の敬意なのであり、愛情のしるしであって、そのときどきに溜った気まずいことを取り除き、二人が不和になってまったく離れるようなことを防ぐからである」(『英雄伝』「ソロン」20、村川堅太郎訳、筑摩書房、一九六七年、一八頁)。

また、ソロンは普通の結婚についても、持参金を廃止して、嫁ぐ者は着替え三枚と僅かな金目の道具は差し支えないが、ほかには何も持参しないこと、と定めたのだった。

子供をもうけること

《ミスゲスタイ》(夫婦の交わり)は子供を生むのが目的だったといっても、これによって必ずしも子供がたくさん生まれたわけではなかった。アテナイ人は子供をたくさん作りはしなかった。一つには、夫は家の外で性的な満足を得ていたし、たくさんの(子供の)口を満足させることを望まず、またたくさんの子供に財産を分けることも望まなかったからである。

ヘシオドスは、どの家庭も父親の財産を増やすためには息子は一人でなければならない、と主張していた。プラトンも、どの家族であれ息子一人娘一人をもうけなければならない、と主張していた。人口過剰は「善く生きること」[1]に反すると考えていたからである。

(1) 善く生きること、すなわち徳をもって生きることは古代ギリシャ人の理想だった。ただ、古代ギリシャ人の美徳は現代の私たちの美徳の概念とは大分異なっていた。正義、高潔、貞節などは私たちのものと同じだが、競争原理や蓄財などもギリシャ人にとっては不可欠な徳目だったのである。

その他の結婚

未亡人は結婚できなかった。ただスパルタでは、結婚して一子ももうけないうちに夫に死なれた者は子供を作るために解放奴隷と結婚することができた。

奴隷同士の結婚も許されていなかったし、奴隷と自由市民の女との結婚も許されていなかった。ポントス〔黒海沿岸地域〕のヘラクレイアス初代僭主クレアルコスは、政治上や人口上の理由からこの結婚をも奨励した。

アレクサンドロス大王は武将たちとペルシャ女たちとの結婚を奨励した。大王自身ペルシャ人ロクサネと結婚したし、さらに二人のペルシャ女たちをも妻にしたようだ。

自分と結婚したペルシャ女たちには、アレクサンドロス大王は最高一万ドラクマもの持参金を与えた。

年老いた両親の介護

古代ギリシャでは老人介護が大変重視された。老人の世話には大変神経を払った。親を大事にしない若者は軽蔑された。ソロンは法をもってこういう者に罰金を科した。こういう者は政治に参加する権利が奪われたこともあった。この権利剥奪は《アティミア》（市民権剥奪）と呼ばれた。

子供たちによる老いた親への扶養の義務から、《ゲロボスケイア》とか、《ゲロトロフェイア》[1]という言葉ができた。

両親が亡くなると、埋葬するのは若い者の義務だったし、これはあらゆる義務のうちでも最大のものだった。死者は慣習に従って埋葬されなければならなかった。遺体は香水を使って清めた後、清潔な白装束を着せ、紐で縛り、顔を除いて白布で巻いた。死者に三枚以上の着物を着せることは法律で禁止されていた。ハデスの館へ行くのに三途の川の渡し守カロンに支払うため、死者の口の中には一オボロス〔六分の一ドラクマ〕のコインを一枚入れた。[2] 生前に死者が大切にしておいたものや宝石なども、遺体と一緒に埋葬された。

（1）「ゲロ」は老人、「ボスケイア」も「トロフェイア」も「養う」を意味する。
（2）ギリシャ神話によると、ヘルメスに連れられた死者はステュクスの川（仏教で言う三途の川）まで来ると、そこで渡し守カロンが漕ぐ小舟に乗せられて冥府（ハデスの館）に行くことになる。死者が無事に冥府に着くためにはカロンにチップを支払わなければならなかった。

近親結婚

王一族の結婚は純粋に政略結婚だった。その典型的な一例はプトレマイオス[1]だった。プトレマイオスは妻のエウリュディケを離縁してベレニケを妻に迎えた。そして、二人の結婚からプトレマイオス二世とアルシノエ二世が生まれた。アルシノエ二世はリュシマコスと結婚して三人の息子をもうけた。リュシマコスの没後、アルシノエ二世はマケドニアに行き、ここでプトレマイオス一世によって追放されていた王の長男で、異母兄弟のプトレマイオス・ケラウノス（プトレマイオス二世[2]）と結婚した。彼は父プトレマイオス一世によってエジプトから追放されていた。

プトレマイオス・ケラウノスの没後、アルシノエ二世はアレクサンドリアに行って、今度は異母兄弟のプトレマイオス・フィラデルフィオス（「自らの兄弟、あるいは姉妹を愛する者」）と結婚した。プトレマイオス二世は彼女を女王にした。この王の「フィラデルフィオス」なる称号は、まさに姉妹と結婚したからつけられたのだ。

この二人の結婚には愛とか、恋とかいう要素はなかったと言われている。後年分かったことだが、アルシノエはプトレマイオス二世より八歳も年上だったのだ。しかも、王はアルゴスから実質上の正妻ペレスティィレを迎えていた。プトレマイオス・フィラデルフィオスとアルシノエの時代にアレクサンドリアには、かの有名な図書館と博物館（ムセイオン）が建設された。

アルシノエは生前も死後も人びとの尊敬の的だった。キュプロスでは彼女は地上のアフロディテの顕現として崇拝された。メロス島出身の海軍将校のカリクラテスはザフュリオン岬に彼女の神殿を建てた。
プトレマイオス朝の物語には悲劇もあった。それはプトレマイオス一世の最初の結婚から生まれた娘のベアトリケのことである。彼女は政治的理由でラオディケと結婚していたセレウコス・アンティオコスに嫁がされた。ラオディケは彼女も彼女の子供も殺した、そのため、彼女の兄弟のプトレマイオス三世エウエルゲテス（「恩恵を施す者」）が彼女の復讐のために軍を起こした。王妃ベレニケ二世はアフロディテ神殿に、かねてからこの女神に約束していた自分の有名な三つ編みの髪を捧げた。

ベレニケ二世の母親アパメは娘を自分の愛人のデメトリオス美公(3)と結婚させたいと思っていたのだが、ベレニケは彼との結婚を望まず、策略を弄して彼を自分の母親の寝室で殺した。母親のアパメは追放され、ベレニケはプトレマイオス三世と結婚して、王とともに幸せに暮らした。そして、すべてのギリシャ人に愛されたのだった。

ベレニケが毒を盛られて殺された後、プトレマイオス朝の政治的衰退が始まる。この王朝を二人のクレオパトラ、クレオパトラ二世とクレオパトラ三世がよく盛り返した。けれども、政略による近親結婚が王朝内部では常態となっていたのである。

私たちが今話題にした時代には、近親結婚は法律で禁止されてはいなかったが、神々の罰を招くものとして誰もが忌むべきことと見なしていた。そうとも知らずに母の寝所に行ったオイディプスが一つの好例である。このために、オイディプス一族は滅亡したのだった。同じ母から生まれた兄弟・姉妹の結婚は法律では禁じられていなかったが、宗教が許さなかったのだ。しかし、異母兄弟（姉妹）の場合は認められていた。テミストクレスの娘ムネシプトレメの例がそれである。彼女は父の二番目の結婚によって生まれたが、母違いの兄弟アルケポレスと結婚している。

エウリピデスの『アイオロス』という作品の中では、近親結婚のことが書かれている。アイオロスには六人の息子と六人の娘がいたらしい。長男のマカレオスは妹のカナケを愛し、無理矢理自分の意に従わせた。アイオロスはこれを知ると、娘のところへ自害するように剣を一振り送った。その剣で彼女は自殺を遂げ、またマカレオスも命を絶った。

この話は創作であるが、実話ではキモンの姉妹愛が伝わっている。キモンは姉妹のエルピニケを愛していなかったのだろうか？　彼は追放されてから、ペリクレスによってアテナイに帰還を許されたとき、エルピニケをペリクレスに愛人として贈っている。このせいでペリクレスは息子の妻との関係に頬被りを決め込んだと言われている。

（1）アレクサンドロス大王の将軍の一人。大王の死後、エジプトのアレクサンドリアに依り、プトレマイオス王朝を開き、その開祖となった。プトレマイオス王朝の最後の王がクレオパトラ七世である。プトレマイオス一世はアレクサンドロス大王の筆頭の将軍であるペルディッカスと争うために、同じくアレクサンドロス大王の将軍で、アジア領の後継者であったアンティパトロスの娘エウリュディケと結婚した。
（2）二度目の結婚で異母妹のアルシノエ二世と結婚、二人で共同統治をした。兄妹の結婚の習慣はエジプト王国のファラオでは一般的だったが、ギリシャ人王朝ではこれが最初の事例であり、ギリシャ人の間では不評を買った。
（3）（紀元前二八六頃－二四八頃）　マケドニアの王子。その容貌により「美男子」（ホ・カロス）とあだ名された。本書では「ホ・オライオス」と記されている。

不倫

エウリピデスは、女には壁もなく、金もなく、これほど守るのに難しい者はない、と書いている。そして、アポロドロス(1)は猫や不倫する夫が通り抜けられないような戸口を作れる木工職人はいない、と言った。

ケクロプスはアテナイで結婚を初めて認めた王であり、しかも一夫一婦制を制度として定めたのだった。

妻が夫以外の男と関係するのは「モイケイア」(姦通)と見なされ、見逃すことのできないものであり、結婚は解消された。アイスキネスは次のように言っている。もし妻の側に罪がある場合、着飾ることは許されず、神殿に立ち入ることもできなかった、と。もし立ち入れば、衣服を引き裂かれ、身に着けていた装飾品は剥ぎ取られた。プルタルコスによると、キュメ〔エウボイア島の東海岸の港町〕では姦通した女はロバの背に乗せられ町中を引き回されたし、その行列の後ろには「オノバティス」(この者、成敗すること、苦しからず)という名札が付けられていたという。

もし夫が不倫行為最中の男を見つけたなら、この男は殺されても文句が言えなかった。エウフィレトスはエラトステネス(2)が自分の妻と寝ているところを見つけて、彼を殺した、とリュシアスは彼の第一弁論集『エラトステネス殺しを擁護する』の中で述べている。

不義を犯した妻は離婚されねばならなかった。夫の側が離婚を招いたときに使った言葉は「離別」、「離婚」あるいは「放逐」などだった。妻が離婚を招いたときに使った言葉は「アポレイペイン」(放置）だった。

プルタルコスは、多くの夫は妻の不倫で迷惑を蒙るどころか、逆に妻に美人局《つつもたせ》をさせていた、と語っている。そういう男の一人がポリアグロスだった。このような取引の金（斡旋料）を「モイカリア」（姦通罪を犯した者に科せられる罰金）と言った。

もし夫が姦通の現場を抑えられた場合は、その処置は妻の場合ほど厳しくはなかった。とりわけ、夫の行為はただの「不実な行為」であって妻への侮辱だ、と見なされることが多かった。概して、人びとは夫が他の女たちと関係を持ったり奴隷女や内妻と縒りを戻したりしても、うるさくは言わなかった。[3]

ソクラテスにも二人の妻がいた。一人はクサンティッペであり、もう一人は有名なアリステイデス[4]の娘ミュルトだった。

アリストファネスは男の立場を代弁して、不義への非難に対する答えを用意していた。「私が悪いのではない。ゼウスを摑まえて目玉をくり抜いてやれ。ゼウスだって女の美しさに惑わされているではないか。私は死すべき身の人間なのだから、神々より上になれるというのかい？」と。

アリストテレスはこうした考えに反対だった。彼は、いやしくも妻または夫がいるのなら、第三者と関係を持ってはいけない。もし妻が出産を予定しているときに、そういうことをして見つかったとしたなら、その罪科に応じて処罰されなければならない、と。

オデュッセウス[5]の父ラエルテスは、侍女のエウリュクレイアを気立てのいい女だと見込んで牡牛二十頭で買い取り、情を通じていたが、結婚してからは妻を悲しませないようにこの侍女を臥所に入れることはしなかった。

夫婦の愛が破綻に終わることもあった。イリオン（トロイア）には次のような話が伝わっている。フォイニクスの父アミュントスには内妻がいた。そのため彼の妻の苦痛はひどいものだったから、息子に向かって、老いたお父さんからあの女（内妻）を遠ざけたいのなら、あの女と寝ておくれ、とくどき落とした。父親はこのはかりごとを見抜いて息子を呪い、息子が父殺しにならないようにするために、自分で家を捨てた。

似たような話はほかにもある。メネラオスの妃ヘレネを誘惑したパリス[6]は、イリオンでは不義を働いた者としてではなく、「不吉なパリス」と見られた。ヘレネの誘惑が自分たちの国をギリシャ人との戦争に巻き込む恐ろしい禍いを招く結果となったからである。

（1）（紀元前一四〇頃）学者。彼の書いた英雄伝説は、紀元前五世紀以前の学者を典拠としており、真の意味での古典ギリシャ時代の伝承を純粋な形で忠実に伝えている。
（2）寡頭制の政治家、紀元前五世紀活動。紀元前四一一年寡頭政（四百人政治）に活躍。妻の不義によって世間の笑い者となった夫により殺害された。
（3）一夫多妻制の時代の第一夫人以外の妻。日本の「妾」に相当する。
（4）アテナイの指導者。紀元前四八九／八のアルコン（執政官）。古代の伝承の中で清廉な政治家の典型とされている。そのとおり清貧だった。自分の葬式の費用も娘たちの持参金もなかった。
（5）トロイア戦争でのギリシャ軍の英雄。その狡知、知略はゼウスに勝るとも劣らないと言われた。トロイア落城後十年間、神託により故郷イタケに帰るまで地中海を流浪し、いろいろと冒険した。それがホメロスの『オデュッセイア』である。

（6）トロイアの第二王子。黄金のリンゴをヘラとアテナをさしおいてアフロディテに贈ったことから、スパルタの王妃で絶世の美女ヘレネを手に入れた。しかし、一方でヘラとアテナの怒りを買う結果となり、これがトロイア戦争の引き金ともなった。

少年愛

古代ギリシャでは、文化はすべて男の所有物だった。女たちは母親役と家の切り盛り役しか与えられていなかったのだから、女たちを理解するのは容易である。知的生活の中心には男がいたのだ。少年愛が古代ギリシャで広まった理由はここにある。

ヘタイラは美しかったから、少年愛者にとっての危険な恋敵と見なされていた。ヘタイラのドロシスは哲学者のアリスタイネトスを少年愛者だと言って非難した。アリスタイネトスが友人のクレイニアスと彼女とのデートを邪魔したからだ。またレオンティオンは、ソクラテスがアルキビアデスを愛していたのと同じように、エピクロスがピュトクレスを愛したと言って、エピクロスを非難した。少年愛という厄介なテーマについてはシノぺは話題にしたくなかったようだ。それは彼女を煩わせる人たちを傷つけるチャンスを与えることになると考えたからだ。それでもいくつかの真実は知ることができた。歴史家が発見するのを避けたり、美化してしまうようなことでも、娼婦なら心の一端を洩らしてくれるだろうから、少しは知ることもできるのではあるまいか、と私は考えたのだ。私は四千五百年前のファラオの国（エジプト）[1]では少年愛が神々の間で広まっていたことを、シノぺから聞いて知った。シケリアのティマイオスは、少年愛はクレタ島からギリシャに入ってきたと伝えている。アリストテレスの話では、少年愛はクレタ島で人口過密を避けるために広まったのだ、という。地理学者ストラボン[2]は『子供の教育と躾』の中で、少年愛のことを書いている。少年愛はクレタではなんら特別なものではなく、攫われた少年は「パラスタテンデス」（追い出された者）と呼ばれていたらしい。

キュメ島出身のエフォロスはこう書いている。愛人は欲する少年を拐《かどわか》す二、三日前に計画を彼の友人たちに知らせる。少年の親類はたとえその計画を知っても、その少年を隠すようなことはしなかった。こんなことをすれば、その子に価値がないことを認めるようなものだったからである。もし少年が良家の者なら、こういうことをする愛人はいなかった。こんなことは不名誉なことだからである。

概して少年愛は肉体だけを求めていたのではなく、精神的な心の絆を求めていたのである。だから多くの場合、肉体愛は二の次だった。そういうわけで、「パイデラスティア」（少年愛）と言う言葉は「パイス」（子供）と「エラン」（愛）から成り立っているのである。もし少年への肉欲があった場合には、「パイドマニア」（少年性愛狂）と呼ばれ、男は「パイドマネス」（少年への性愛を好む男）と呼ばれた。

美しい少年の前でぽかんと口を開けて見とれる者を「パイドピペス」と言い、金髪の巻き毛をした男子を感動してじっと見つめる者は「ピュロピペス」（赤毛をじっと見る者）と言われた。「パイドトリベス」（体育の教師）もいた。彼らは普通はレスリングを教える先生のことだった。先生でありながら男の子と関係を持った者を「フィレトル」（愛人）と言い、男の子を「エロメノス」（可愛らしい愛人——女役側から見た場合——）と言った。

もし少年が立派な男性の想いものであれば、その子は「クレイノス」（立派な人）と呼ばれた。ドリス人の貴族はこういう少年を『アイタ』（恋人）とも言った。そして、愛人のほうを「エイスプネラス」（恋情を吹き込む者）と言った。

もし誰かが年頃の少年を愛したら、「フィロメイラクス」（年頃の少年を愛する者）と呼ばれた。その少年は「メイラクス」（若い恋人）と呼ばれたからだ。もし年嵩《としかさ》の少年を愛したら「フィロブパイス」（年嵩の少年を愛する者）と呼ばれた、「ブパイス」とは大きな若者を意味したからだ。少年時代に「若い恋人《メイラクス》」として有名だったのはソフォクレスである。

もちろん、上に挙げたものでは男の同性愛者は除いている。こういう人びとを男の同性愛者と言ったのは、「アイドス」（恥の意識）[3]が働いていたからだ。これは肯定的でもあり、否定的でもあった。大人の男同士の愛にはほかにもいろいろな呼び方があった。ある愛は卑猥で、たとえば、「カタピュゴン」（淫らな）ものだった。これは後ろ（尻）を意味する「ピュゲ」なる単語に由来する。また「エウリュプロクトス」（おかま）、または、アリストファネスが使った「ストロビロス」（ぐるぐる回る踊りの一種）、あるいは、「バタロス」[4]（尻）という語もあった。

男の同性愛者たちが待っている出会いの場所は、ヘタイラと同じケラメイコスだった。彼らはリュカビトスの方面にも出かけて行ったし、床屋や香水を売っている店にも足繁く通ったし、今日のプラカにある薄暗い路地とか、アレイオス・パゴスの西にある壊れかけた建物や、その他さまざまな場所を利用した。神殿にはお金をもらって性的行為をする美少年たちもいた。

当時の著名人が少年愛をどう見ていたかを、私はアリストファネスの『プルト』の中に出ているカリオナスとクレミュロスとの会話で知った。

カリオナスが尋ねる、

「少年たちはヘタイラがするのと同じこと、つまり、尻を出すそうだ。もちろん快楽のためではなく、金のためにさ。」

するとクレミュロスが答える、「もちろんそういうことをするのは育ちの良い人間ではなくて、娼婦なのさ、だって育ちの良い人間が金など要求したりはしないからね」。

こういうことにおいてはヘタイラと男娼との間に違いはなかった。男の売春という職業は「ヘタイレセ」（仲間）とか「ヘタイレイア」（友人関係）などと呼ばれた。その動詞形が「ヘタイレイン」（友だちになる）だった。

アリストファネス当人もテスモフォリア祭で、あるホモセクシュアルのことを「十二戦士」と呼んだ。というのも、コリントスの或るヘタイラが十二の体位の達人と言われていたからである。

プラトンは『饗宴』や『法律』の中で、本人が少年愛者であるにもかかわらず、少年愛を非難していた。彼は語っている、恋愛を避ける者は病人である、愛において度を過ごす者が病人であり、異常者であるのと同じように病人なのだ、と。

男の同性愛はプルタルコスを悩ませた。彼は『恋の物語』の中で、少年の略奪についての、アクタイオンの物語を描いている。

アクタイオンは大変な美少年だったので、コリントスの有力な金持ちのアルキアスがアクタイオンに恋した。アクタイオンはアルキアスと肌が合わなかったので、友人に自分を略奪してくれと頼み、アルキアスのもとから一緒に逃げた。その後、アクタイオンを取り戻そうとするアルキアスとアクタイオンの友人たちとの間で起きたけんかがもとで、アクタイオンは殺されてしまう。父親メリソスの悲しみは深く、息子の後を追うように岩から身を投じ死んでしまう。すると、コリントスは旱魃に見舞われた。人びとが神託を伺うと、アクタイオンの死の責任者が罰せられない限り、ポセイドン神の心は穏やかにはならないだろう、と神託が告げた。

アルキアスはこの神託を知るや、コリントスを逃げ出しシケリア島に行った。そして、ここにシラクサイの町を建設した。彼は恋人のテレフォスも一緒にシラクサイに連れて行ったが、その後オルテュギアスとシラクサが生まれると、アルキアスは恋人のテレフォスを殺した。アイスキネスは『ティマルコスについて』という弁論集の中で、大衆の意見も法律も、男の売春には厳しい、と述べている。彼はティマルコスがペイライエウスの自宅で身体を売っている、と言って非難した。彼は身体を売る者は都市の公共の利害に関することでも安易に洩らしてしまう、と信じていたのである。

アイスキュロス(5)は男女の愛については作品の中で全然書いていないが、『ミュルミドン人』(6)ではアキレウスとパトロクロスとの肉体関係を主題に採り上げた。『イリアス』ではこの二人を温かい友情で結び付けたいと願っているようだが、『パラティナ・アントロギア』(プラチナ詩集)の中では「二人の男はまず愛人として、次に戦友として結ばれた」、とはっきり記されている。

アキレウスはパトロクロスの死後、アンティロコスとも関係を持った。そして、これら三人の男たちは共同墓地に葬られた。

ソロンは自分自身が同性愛者であったのに、男性売春が広がることは法律で規制したいと考えていた。彼は少年愛を禁止し、美しい少年を商う者を有罪とした。

ソロンは奴隷が自由民の少年たちと関係を持つことを禁止した。その法律はアテナイ人を対象に制定したものだったが、メトイコイ（居留外国人）にも適用された。というのも、少年愛を許すだけでなく、賛美する者さえいたからである。

『イリアス』の中でホメロスはネレウスの美しさを褒めちぎっている。さらに、プリアモスは、アキレウスの足下に跪いて、埋葬したいので息子のヘクトルの亡骸を返しておくれと必死に頼んでいたときに、しかも悲劇の真っ只中にいたにもかかわらず、自分の息子を殺したこの若者アキレウスの美しさを称えていたのである。

ソロンは少年の美しさを春の花にたとえている。

キオス島出身の抒情詩人リキュムニオスは、眠りの神ヒュプノスのエンデュミオンへの愛を賛美している。

アルキビアデスは自分が恋している男たちを自慢した。

紀元前六世紀初頭の抒情詩人アナクレオンは情熱をこめて、少年愛の歌を歌っていた。ディオゲネス・ラエルティオスは、ソクラテスが十代の頃、師のアルケラオスの寵児だったことはポルフュリオスによって確認ずみの事実だ、と述べている。つまり、ソクラテスは十七歳のころアルケラオスの愛を不愉快と思いつっぱねた。ソクラテスは少年たちと関係を持たなかったばかりでなく、友人たちの少年愛を止めようと努力もしたというのが事実なのだ。アリストファネスは『雲』の中で、ソクラテスのことを辛辣に風刺してはいるものの、ソクラテスが少年愛者である、と示唆するようなことは一言もいっていない。

プラトンは『饗宴』の中で、わざわざアルキビアデスが或る夜ソクラテスと寝たことにふれている。この中で、アルキビアデスがソクラテスを抱いたのに、ソクラテスには何の感興も起こらなかったし、アルキビアデス自身が、父や兄と寝たとしたら起こったかもしれない以上のことは何も起こらずに眼を覚ました、と語っている。

ピンダロスは少年愛を賛美した。彼はアルゴスで体育競技会を見物中に、彼に抱かれて死んでいったテオクセノスを心から愛していた。彼はテオクセノスの遺灰をテバイまで運び、パウサニアスの言うところによると、プロイティデス門の前にあるヒッポドロモス（戦車競技場）に埋葬した、とのことだった。

セレウコスは、カルキドンでみんなが歌っていた歌を書き残した。その中では、身内に湧き上がってくる騎士道的愛情の点で少年愛は結婚に勝る、と語った。また、「私も少年を愛するようになるだろう、私にとっては結婚より勝っているのだから。戦場では少年がそばにいたら、そのほうがずっと役立つのだから」、とも歌っている。

ヘシオドスはバトロコスという若者を愛していた。そして、彼の早世を嘆く悲歌を書いたりした。ティマゴラスはメレスまたはメレトスという少年を愛していたが、少年のほうは逆に彼を軽蔑していた。ティマゴラスはかねてから自分の命より恋人の願いのほうが大事だと考えていたものだから、ある日、メレトスから「あなたが自分の命より私の願いのほうが大切だと考えているのなら、どうかこの崖から飛び降りてください」と言われると、恋人の言うとおりにした。すると、メレトスも彼と同じく飛び降りて死んだのだった。

ファレロンの港町出身のデメトリウス[7]はディオグニスと関係があった。彼の瞼《まぶた》の美しさゆえに、人は彼のことをカリトブレハロ（美の女神カリスの瞼のような）と呼んでいた。そして、彼と一緒によくトリポドン通りを散歩した。当時の男子たちはみな、美の女神カリスの瞼のようなこのディオグニスの美しさを羨ましがっていたし、またひょっとしてデメトリオスに気に入ってもらえるかもしれない、と思ってトリポドン通りに行ったものだ。

デメトリオス自身は楽な生活を好み、浪費家だったが、少年たちには贅沢を慎むように忠告した。デメトリオスは葬儀や墓地の華美も抑えた。彼はまた結婚式や葬式で三十人以上の人が会食することを禁止した。彼は女性の高価な衣装も禁止したし、婦人監督官が違反者が出ないように、これを監督した。いつも彼は公共の出費を抑えた。彼はエジプトに追放され、毒蛇に噛まれて死んだ。

メレアグロスとカリマコスは、ちょうどソフォクレスがペロプス[8]の美しさを賛美したのと同じく、少年を賛美した。

エウリピデスは少年は大人にとって「心の安らぎになる者」、と考えていた。

エウポリスは喜劇『アウトリュコス』の中で、クセノフォンに次のように言わせている、「一筋の光がみんなの目を夜の闇に引きつけるように、アウトリュコスの美しさはみんなの眼差しを彼のほうに向けさせる」、と。

フェイディアスは愛するパンタルケスの名をオリュンピアの巨大なゼウス神像の指に刻み付けた、「パンタルケスは美しい」、と。

僭主ヒッパルコスを殺したハルモディアスとアリストギトンは互いに愛し合っていた。アリストギトンはハルモディアスを情夫にしていたのだ。僭主殺しは彼らの命も奪った。一人はヒッパルコスを殺そうとしたときに殺され、もう一人は殺人罪で処刑されたからだ。アテナイ人たちはこの二人を尊敬していたので、二人の記念碑をアゴラに建立した。

テオクリトスは『牧歌』の中で、少年愛を賞賛した。詩人のソタデス・マロネテスは「同性愛詩」の代表格だった。

テオグニスは生涯を通じて、少年たち、特にキュルノスには深い魅力を感じていた。

クセノフォンは小さなクレイニアスを愛していた。彼は次のように述べている、

「多くの都市で、法律は少年愛を禁止してはいなかった。」

そして、彼はこうも信じていた、

「美しい少年に恋をすると、卑しい感情が消えて、仕事や経験や危険なことにも中庸と自己抑制を存分に発揮できるようになる」、と。

クセノフォンは成熟した男性や青年への愛は配偶者に対する愛の絆と同じだ、と見なしていた。

アテナイを支配していたドゥリスは、家で催したシュンポシオンで若者たちと交わった。彼は外見に気を配り、髪を金色に染め、色クリームを顔中に塗りたくっていた。

政治家パウサニアスは詩人アガトンを幼いうちからも、大人になっても手元に置いた。アガトンはもちろん、パウサニアスが国外に追放されたときにも後について行った。

しかし、ストラトンは言っていた、

「私は十二歳の開花に満足しているが、十三歳の花のほうがもっと望ましいし、七歳の二倍のときがいちばん甘美な恋の花だ。しかし、十五歳になったばかりの少年はもっとも楽しい。十六歳は神々が相手にされる年齢で、十七歳はゼウスのためのものなのだ」と。

けだし、これは名言だ！　彼はこのように言い、物事を正しい順序に並べた。

しかしながら、男同士の正常な関係とは別に、簡単に身売りする男たちもいた。なかでももっとも多かったのは囚人である。こういう男にエーリス〔ペロポネソス半島西岸の都市、古代オリンピックを主催した〕出身のファイドンがいた。彼はソクラテスが処刑される日に霊魂の不滅について語ったとき、ソクラテスの話し相手の人物だった。ファイドンは幼いときに、私設の男娼の売春宿に売られた。彼は金を払う者なら誰とでも相手をした。ソクラテスはこの売春宿で彼を見つけ、金持ちの友人を説得して、買い戻してもらった。売春する男たちは公職につく権利がなかった。

売春する少年には一回きり金が支払われたわけではなく、契約で長期間彼を借り出すことができた。リュシアス(9)はプラタイア出身のテオドトスという少年を愛した或るアテナイ人について、少しばかり書いたことがある。

このアテナイ人のことを、シモンという人物が肉体の訓練が厳しいと言って非難した。このシモンもテオドトスを愛していたのだ。裁判で、このアテナイ人がテオドトスを三百ドラクマで借り上げていたことが判明した。

税金の支払いから贈物の代わりにいたるまで、美少年が使われた。アガメムノンはアキレウスに少年たちを贈ることを申し出た。

ヘロドトスによると、エチオピア人は二年目ごとにペルシャ王に金、黒檀、象牙および五人の少年を送った、と述べている。コルキスの住民は四年目ごとに百人の少年と百人の少女をペルシャ王に贈った。少年たちはペルシャ王やその重臣たちの愛人として、城内に留め置かれたのだった。

スパルタでは、少年愛は肉体の美しさを見て楽しむものだったし、肉体の快楽は望まれてはいなかった。

ドリス人(10)の都市国家では、男が少年をそばに置かないのは義務に反することだったし、少年にとっても成年男子を美しい友人に持っていないのは恥とされた。理想的な男性のタイプは〝カロス・カガトス〟(人柄も善く心も体も美しい人)だった。少年愛は国家的にも宗教的にも認められていた。

テバイでは、少年愛は戦争体制にとって貴重な存在だった。ペロフィダス将軍を祀ったロコスの聖域では愛する者(情夫)と愛される者(愛人)のあり方に条件がついていた。情夫は愛人の目に男らしく見えるようでなくてはならなかった、またはそれが反対の立場にならなければならなかった。

少年が成人すると二人の間の性愛関係はなくなり、少年は自分より年下の少年の情夫になる、言い換えれば、年とともに二人の性愛関係は薄くなってきて、師弟関係と化してゆくのだった。こうして性愛関係が終わると、その後、生涯にわたり友情が続いた。

ロコスの聖域には、ゴルギダスが集めた三百人の貴族たちがいた。彼らはカイロネイアの戦いでマケドニア王フィリッポス二世に敗れて死んだ。フィリッポスは死体を調べたとき、全員が胸を打たれて死んでいるのを見て言った、「このように正々堂々と戦って死んだ人たちが恥ずべきことをする、などと考える者は悪魔に食われてしまうがよい」、と。

アイリアノスは次のように書いている、「男を愛している情夫のほうがよく戦う。なぜなら、彼らは戦いの神アレスと性愛の神エロスがその男の体内に入って一緒に戦っているようなもの。それに対して、愛人がいない戦士はアレスだけが戦っているようなものなのだから」と。ヘラクレスでさえ男の愛人のイオラオスがそばにいたり、ヒュラスやアドメトス、アブデロスなどの美少年がそばにいるときには英雄中の英雄だった。

ファイドロスは言った、もし恋をしている人が不名誉なことをしているところを父親や友だちに見られたとしても、恋人に見られるほどには恥ずかしいことと思わないだろう、と。

テスピアイではエロスの祭のときに、人々は少年愛讃歌を歌った。

イタリアでも同性愛は珍しいものではなかった。アンティレオンダスはヒッパリノスを恋人に持っていた。ユリウス・カエサルはビッツニア王ニコデモスと愛人関係にあった。ローマ皇帝ティベリウスはカプレア島〔今日のカプリ島〕の青年を集め、オリュンポスの神々に扮して性の狂宴に耽った。

ローマ皇帝ハドリアヌスは美しいアンティノオスを愛していたが、この青年がナイル川で溺れ死んだ後も、彼を神として崇めた。スエトニウスはカエサルのことを「すべての男たちの女であり、すべての女たちの男でもある」、と言っている。

ネロには公認の愛人スポルスがいた。また、マサリア〔フランスの町、今日のマルセイユ〕も同性愛者の重要な拠点だった。ここから次のような諺が生まれた。「エス・マサリアン・プレウシアス」(マサリアの港に寄りなさい)。

際限のない少年愛を止めさせ、節制を取り戻すためには、キリスト教が入ってこなければならなかった。人びとは美少年の身体の魅力の中でも、その目の美しさを褒めた。ソフォクレスはペロプスの目を褒め称えた、「彼の目の輝き、あの美しい目の輝きが私を熱く燃え上がらせる」と。

ソフォクレスは『アキレウスの恋人』という劇の中で、「目から槍を投げる」と表現している。

アリストテレスは自信を持ってこう言った、「恋人たちは体の他の部分を見るのではなく目を見る、目には慎みが宿っているからだ」。ストラボンは『パラティナ・アントロギア』の中で少年の瞳を賛美している。

サフォーは恋人に願った、「恋人よ、私の前に立ち上がって、あなたの瞳の美しさを私に降り注いでおくれ」と。

少年愛者は瞳のほかに少年の髪の毛を賛美した。アナクレオンはサモス島の僭主ポリュクラテスの宮廷にいたとき、美しいスメルディスと恋に陥ちた。アナクレオンはスメルディスの美しい髪を飽かず眺め、神々しいばかりに美しい彼の巻き毛を詩に詠んだ。ポリュクラテスはそれを妬み、スメルディスの髪を切るように命じた。

ポリュクラテス自身はというと、バテュロスに目をかけていた。げんに彼はバテュロスの美しさとアウロス〔ダブルフルート〕やキターラ[11]の技量を褒めそやしていたのである。ポリュクラテスは各地にバテュロスを讃える記念碑を建てたが、最後にはサモス島のヘラ神殿にも彼の彫像を奉納したのだった。

髪の毛にまつわる話はまだ他にもある。饗宴《シュンポシオン》では美しい少年がワインを注いで回っていたが、とくに髪の美しい少年が好まれた。人びとはその美しい髪で手を拭いたりしたのだ！　ペトロニウスはそんな話を伝えているが、彼はまた、アレクサンドリアの少年が跪いて指のささくれを巧みに取ってくれたという話も紹介している。

少年の髪は賛美の対象になったが、毛深い男は嫌われた。少年愛者は尻に毛が生えた毛深い恋人を嫌った。こういう若者は男の売春婦（売春夫）にされた。メッセニアのアルカイオスのエピグラム（警句）にはこう書かれている。

「ニカンドロス、お前の陰部は毛で覆われている。お前の顎もそうならないように気をつけろ。さもないと、お前のファンが減るぞ。」

ペニスを肛門に入れても、挿入されたほうはべつに卑しいとは思われなかった。それはともかく、ペルシャ人に対する勝利の見せしめに、ギリシャ人がペルシャ人を犯している場面を描いた壺絵がある。これは今日、私たちが勝利の後、負けた側に向かって「やつらをやっつけたぞ」（犯したぞ）、と言うようなものである。

少年愛における性行為は相手の肛門にペニスを挿入することだけではなかった。多くの場合、愛人は相手の固く閉じた太股の間にペニスを入れた。こういう性行為は「嗜みのある行為」とされていた。こうすることで、愛人は自分の自尊心は傷つけられることがないと信じていた。

たくさんの少年愛者が愛人に殺されている。アルケラオスは愛人のクラテアスに殺された。ペライ〔テッサリアの都市〕のアムブラキアの僭主ペリアンドロスは、「お前はまだ妊娠していないな」と言ってからかったのがもとで、愛人に殺された。マケドニアのフィリッポスも、ひょっとして第一の愛人だったパウサニアスに殺されたのではなかろうか？

（1）（前三五六頃－二六〇）歴史家。シケリア生まれ、アテナイで五十年過ごして修辞学を修めた。シケリアに帰国後、西地中海に焦点を当てた『歴史』または『シケリア史』を著わした。この中でマグナ・グラエキア（大ギリシャ）だけでなく、ローマとラティウムも含めて、シチリアとイタリアの歴史、神話学、宗教儀式を論じた。

（2）（前六四生）地理学者。ポントス〔小アジアの港町〕のアマセイアの名門の生まれ。黒海からエトルリアまで広く旅をした。彼が著わした四十七巻の『歴史摘要』は現存しないが、現存している十七巻の『地理書』には多くの歴史、伝説、古物研究、民族誌が含まれている。

（3）「恥。恥を知ること」ギリシャ人は「美徳」として、正義、高潔、貞節を重んじ、理と同時に、恥の意識が強かった、つまり、「体面」を大変気にかけるひとびとだった。ギリシャ文化は罪を犯すことよりも、恥を恐れる文化だったのである。

（4）ペロポネソス戦役で活躍したアテナイの将軍デモステネスに付けられた綽名。デモステネスは恥知らずの行為と男色で有名だった。

（5）（前五二五／四－四五六／五）悲劇詩人。エレウシス生まれ。アテナイの競演で十三回優勝した。アテナイ人は彼の死後に彼の演劇の復活を認め、破格の栄誉を与えた。知られている七十余作のうち七編が現存している。『ペルシャの人びと』『テバイへ向かう七将』『オレスティア』の三部作など。

（6）アキレウスの祖父アイアコスは父ゼウスによって蟻から生まれた人間を部下にして一国を築いたので、その一族をミュルミドン人という。「ミュルミドン」とは蟻を意味する。アキレウスはミュルミドン人を率いてトロイア戦争に参加した。

（7）（ファレロンの）デメトリオス（前四－三世紀）哲学者、政治家。前三二五／四年にアテナイの政治に参画。後に、アテナイの寡頭制の支配者に任命された。贅沢禁止令と裁判の法を制定した。彼は概して都市の出費を倹約した。古代最大の学識のある哲人支配者だった。彼の最期は悲惨で、エジプトに追放されて、そこで蛇に咬まれて死んだ。

（8）ペロポネソス半島の名祖（なおや）。始原の人タンタロスの子。ピサの王オイノマオスを戦車競走で殺し、王の娘ヒッポダメイアを妻とした。ペロプスの子がアトレウス〔ミュケナイの「アトレウスの宝庫」で有名）、アトレウスの子がアガメムノンとメネラオスである。
（9）北ギリシャにあるボイオティアの町。第三次ペルシャ戦争（前四七九年）の古戦場。
（10）（アテナイ人を代表とするイオニア人と並んで）ギリシャのもっとも有力な民族の一つ、スパルタ人をその代表とする。
（11）ギターの語源。ギリシャ神話によると、キターラはアポロンの発明で、リラ（竪琴）はヘルメスが発明したことになっている。

女性の同性愛

女性同性愛者も多かった。プラトンは女性同性愛者のことを「ヘタイリストリエス」（淫乱な女）と呼び、ヘシュキオスは「デイアイテリストリエス」（ふしだらな女）と呼んだ。また、或る者は「トリバディケ」（女の同性愛者）と言い、彼女らの行為を「女どうしの同性愛」とか、「レスビアン」などと言った。彼女らの間では「オリズブス」、つまり、皮革で作られた人工の代用ペニスが用いられた。

「トリバディケ・アセルギア」はレスボス島で広まったため、「レスビアン」とも言われたのである。

レスボス島では、実は女流詩人のサフォーとメギラとのことが誤解されたのだ。

ルキアノスはメギラがこう言ったとも伝えている、「私はあなた方と同じ女に生まれたわ、でも趣味や願望、そして特徴が男の人に似ているの」。

レスビアンはスパルタにもいた。レフカダ島出身のフィライニスは有名なレスビアンだった。彼女はレスビアンの体位を描いている。彼女はコリントスのデモナッサという女と結婚していて、あるときレアイナをも誘惑したと言われている。

大英博物館には裸のヘタイラが二つのペニスを持つ絵を描いたキュリクス〔両耳付の酒盃〕がある。またベルリン考古博物館には魚の形をしたペニスを持つ女を描いたアッティカ製水甕《みずがめ》がある。

ペニスというのは前に述べた皮革でできた人工ペニスであって、主にミレトスで作られていた。これはバウボという裸体のシンボルのような、堂々とした裸体を持つ女の名前を彷彿させるのでバウボナとも言われた。バウボはデメテル女神が娘のペルセフォネを探していたときに、自分の女性器を見せて女神を喜ばせたのだった。

マスターベーション

女性のマスターベーションはさほど普通ではなかったが、それでもこれをうまくやるには人工の代用ペニスを使ったり、自分の指を使ったりした。しかしながら、マスターベーションは男の間では普通だった。犬儒派[1]の哲学者ディオゲネスはマスターベーションをしていたので、ヘタイラのところへ通うことはなかった。彼は人前で公然とこれをやっていたのだ！　もう一人のディオゲネス・ラエルティオスはマスターベーションのことを「手でやるもの」と言っていた。アリストファネスはこの行為を表現するのに、「アナフラン」（ペニスを勃起させる）とか、「アナクタン」なる語を用いた。

エウポリスは「アナフラズモ」なる語を使っていた。エウブロスは「デフェスタイ」（手淫する）なる語を使った。動詞として使われたのは、何かを擦って硬くするという意味の「アポテュルン」だった。

(1) アンティステネスを祖とするギリシャ哲学の一派。シノペのディオゲネスがやっていた「犬のような生活」をさげすんで呼んだ、綽名「犬」に由来している。

女性の肛門性交

女性の肛門性交はリュディアからアテナイに入ってきた。これはあまり人々の注意を引かなかった。肛門性交は一部のヘタイラたちが少年のほうを好む同性愛者に、より多くの快楽を提供するために好んで行っていたものである。

リュディアでは、とくに男っぽい女や手術で陰部を切り取った女や輪で膣を閉じていた女が肛門性交を好んだ。

トゥディキオス・ガロスは言っていた、リュディアの女は同時に三人の男を喜ばせる。一人には陰部を、一人には肛門を、そしてもう一人には胸を与える、と。

アリストファネスは喜劇『エイレネ』の中で、トゥリュガイオスとの結婚式を控えた花嫁について、「彼女は身体を良く洗ってあって、お尻も美しい」、と書いている。また『平和』の中の別な個所で、テオリアのお尻が賛美された。「テオリアのお尻には五年に一度しかお目にかかれない」、と。

画家のペディエアスは女たちが身を横たえて尻と口で男たちを満足させている場面を描いた。

画家のブリュゴスはキュリクス(両耳付の酒盃)(1)に口と肛門の両方で性交している女たちを描いた。

性交のときに尻を出す女たちは、ディオニュソスのエクスタシー(恍惚感)を招く祭から締め出された。ただし、唯一楽しい饗宴《シュンポシオン》、つまり「コモイ」と言われる祝宴では、肛門性交は別にスキャンダラスなものと考えられてはいなかった。

口や唇を使ったオーラルセックスは好まれなかった。これを卑しい行為だと考える者もいた。アリストファネスは喜劇『平和』の中で書いている、

「トゥリュガイオスはアリフラデスの監督官である、美しいテオリアの下にあえてもぐろうとはしない。彼は彼女の上に乗って、彼女の陰部のジュースを吸うのだから。」

『スフィンクス』では、アリストファネスは或る人物が舌でセックスしている場面を描写している。「ミクソスコプス」、つまり覗き屋はめったにいなかった。「ミクソスコピア」という言葉は「ミクセ」（性行為）なる語と「スコポ」（覗く）なる語との合成からできたものである。

男が女装して喜ぶというのもあまり評判が良いものではなかった。もっとも、クテニアスはバビュロン王アナロスが女装したり、宝石を身に着けたりするのを好んだ、と語ってはいるけれども。

男の裸体はどこでも見るチャンスがあったから、わざわざ裸を見せる者はめったにいなかった。女の中では、バウボというエレウシス出身のデュサウレスの妻がいて、彼女は自分の陰部を好んで人に見せた、と言われている。

昔はサディズムもマゾヒズムも知られていなかった。神話ではソドミスト（男色者、獣姦者[2]）は知られていたが、こういう行為は人道に外れるものと見なされていた。

ヘロドトスは死体を犯した死体処理人〔薬品や香料などで死体の防腐処理をする者〕のこととか、妻のメリッサを偶然殺したらしいが、その死体を犯したコリントスの僭主ペリアンドロスのことを書いて

いる。

自分が製作した作品（彫像）に惚れ込んだ者は「ピュグマリオニズモス」と言われた。この言葉はキュプロス王のピュグマリオンが自分の彫った少女に惚れ込んだことから生じた。アフロディテが王を憐れんで、その彫像を生身の女性に変えてやった。王は彼女と結婚してパフォスという息子をもうけた。この少年の名が現在のパフォスというキプロス島の街の名になった。

（1）酒と演劇の神。陽の当たる明るい世界を支配するアポロンに対して、人間の心の闇の世界（人間の意識下の世界）を支配する、と言われた。
（2）ソドム（Sodom）人のこと。ソドムは死海の近くにあった古都。住民が邪悪なために、天上からの火で滅ぼされた。（「創世記」第十九章二四－二八節）

出　産

お産を待っている間に悪魔を追い払い、病魔から家を守るために人びとは家にタールを塗った。出産をするたびに母親となる女性とその家の人びとは病気に感染すると信じられていたのだ。このため、神殿の中で出産することは許されなかった。

赤子は経験ある年配の女性か、奴隷女が取り上げた。出産に携わる人を「産婆」、あるいはへその緒を切ることから「オンファロトメス」（へその緒を切る者）と呼んだ。もし難産の場合は、経験が深い女性や医者が呼びにやられた。

赤子が生まれると、近所の人に赤子の性別を知らせるために、家の戸口に、男子の場合にはオリーブの枝を、女子の場合には毛糸を吊るした。

生後七日目には、家族で出産を祝った。みんなで家の竈の周囲をぐるぐる回った。この祝いによって、赤子はこの世に生まれ出たことを正式に認知されたのである。生後十日目には、家族がふたたび集まって、犠牲を捧げ、シュンポシオン（宴会）を催した。

その席上で、赤子に名前が付けられた。男子であれば通常、父親の父親、すなわち祖父の名を付けた。その日に招待された親類は贈物とお守りを持ってやってきた。こうして初めて産褥の女性は清められたと認められて、仕事を再開することができた。

妊娠中絶・流産

妊娠中絶が意図的になされたときには「中絶」と言い、そうでない場合を「流産」と言うが、妊娠中絶に対する国家（ポリス）の立場としては、当初、「中絶」と呼ばれていたことを言っておかねばならない。ソロンがこのことに関して法律を作ったとき、人びとはこの法律を「妊娠中絶に関する文書」と呼んだ。

蕾が花になる前に摘み取ってしまうことをアンブロスキスというのと同じように、何かが大きくなろうとするのを壊してしまうときにもアンブロスキス（中絶）と言う。リュシアスは、自分が書いた原稿を自分で発表することは禁じられていたので、もっぱら下書きを書いていたのだが、彼の作品全四百二十五編のうち一編だけ「妊娠中絶」に反対するものを書いている。リュシアスはただ一つ『エラトステネスを弾劾する』という原稿を法廷で発表したことがあった。これは彼自身が、殺された兄弟の告訴者だったゆえに例外的に許されたのだった。

リュシアスはアンティゲネスを法廷に訴えた。というのは、アンティゲネスは妻が別の男との間にもうけた娘と結婚するために、妻を流産させたからだ。法廷は判断を下さなければならなかった。その判断とは、「妊婦のお腹の中にいる胎児は人間なのかどうか」について法廷の解釈を引き出すことにあった。つまり、法廷の判断しだいで、「妊婦が殺人を犯したかどうか」が問われたのだ。法廷の判決については何も伝わっていない。

医学の父ヒポクラテスは誓いの言葉として、「どの女性にも流産の薬は絶対に渡さない」と語ったことが伝えられている。つまり、妊婦に中絶をさせなかった。とは言っても、彼は妊婦に中絶を勧めた。ヒポクラテスは法律を犯してまで流産をしたがる妊婦にこう言うのだった、「かかとがお尻につくまで飛び上がれ、それも七回やりなさい」と。

妊婦は彼の助言に従った。そして、目的を達したのだった。

中絶を行うには子供の父親の、あるいは奴隷の場合には、主人の同意が必要だった。アリストテレスは胎児が人間の形になる以前に中絶するよう勧めていた。

正式な結婚によらないで生まれた子は粘土の器に入れて遺棄された。こういう子を子なしの人が拾って育てた。ディオナス・クリュソストモスは、子供ができなくて、そのために夫から離縁されるのを恐れている女たちに、子供を売る親たちがいたことを伝えている。

たとえ私生児でも殺すことは許されていなかったのだが、食べ物を与えないで死ぬにまかせておくことはできた。そういう子は社会の一員として認められていなかったり、洗礼を受けてはいなかったからである。

正式な婚礼によって生まれた新生児でも、経済的に育てられない場合は、放置して飢え死にさせることができた。また、そのような新生児をまとめて貰い受け、奴隷として売り払ったり、子供のない女に売ったりもした。このような女はお腹を人工的にふくらませて、夫に対してさも妊娠したように見せかけたのである。

スパルタでは新生児は部族の最年長者が検査した。そして、もし健康であると分かれば、両親に育てることを許した。しかし、もしその新生児が虚弱だったり不具だったりすると、「アポテタイ」（遺棄）[1]と呼ばれる場所に送られた。この場所は「カイアダス」[2]とは無関係である。

新生児の抵抗力を試すために、体にワインや冷水、あるいは尿を振りかけたりもした。

スパルタで第一次メッセニア戦役（紀元前七三〇頃 - 七一〇）のときに、アカイア人とスパルタ人の女との間に生まれた子は、ヘタイラを母として生まれた卑しい「ノタ」（庶出の子）と区別するために「パルテニアイ」（処女の子）と呼ばれた。

望まない妊娠を避けるために、人びとは種々の道具を用いた。昔から避妊道具は知られていたのだ。ケファロスの妻プロクリスは友人でミノス王の妻、パシファエ[3]をクレタ島に訪問した。そして、彼女はミノスと交わるためにこの王のもとへ行った。しかしながら、王の精液は王と交わろうとやってくるどんな女をもみな殺すことが知られていた。というのは、王の浮気がやまないために、パシファエはミノスの精液に呪いをかけたため、精液の代わりにさそりと蛇が出てきたからだ。

プロクリスは山羊の膀胱を膣に入れておいたので、この呪いにかからずに王と交わることができたのである。

しかし、アテナイのヘタイラたちはプロクリスのアイディアを快くは思わなかった。妊娠を避けるために、彼女らは酸っぱい水や、酢に浸したスポンジとか、あるいは蜂蜜と混ぜたアカシアの花とかを使った。また、厚い脂肪や、ニトログリセリンと炭酸ソーダ、あるいは炭酸カリウムを混ぜたものを羊毛に浸してタンポンを作り、これを膣の中に入れた。

もしこのような避妊方法を講じたにもかかわらず子供ができてしまった場合には、その子は私生児と言われた。アテナイの路上にはたくさんの私生児がうろついていた。

アリストフォン(4)は、市民の子供は私生児にあらず、という法律を作った。

それでも、彼はしてやられたのだ！ 喜劇作家のカリアディスがアリストフォンの素性を探ったところ、彼本人がヘタイラのコリギダの息子であって、私生児であることが露見してしまったからだ。

レスボス島のエレソス出身の哲学者テオフラストスは、スポンジの形をした媚薬があって、これが座薬として使われている、と言っていた。座薬の中には強烈な薬効をもつものがあって、性交を七十回できた。つまり、この薬によって、射精の代わりに出血したのである。

(1) 健康と体力に恵まれずに生まれた子が生きることは、その子にも国家にもよくないからというので、タユゲトス山〔ペロポネソス半島南部の険しい山岳地帯〕のそばにある深い穴のような場所に送り出した。

(2) スパルタの地下洞窟。罪人を生きたまま、あるいはその死体を投げ込んだ。

（3）太陽神ヘリオスの娘で、魔女。オデュッセウスの部下を豚に変えた魔法使いのキルケとは姉妹関係。メディアは姪に当たる。

（4）（前三三〇年代初頭の頃）アテナイの政治家。

ヘタイラとその他の娼婦たち

呼び方

私はヘタイラについて話してもらいたいと思ってシノペに近づいたのだが、今まで一度もヘタイラのことを話してはくれなかった。彼女の時代のことがあまりにも面白かったので、ついぺちゃくちゃとおしゃべりをしてしまったのだが、これからはいよいよ私たちのテーマにとりかかるとしよう。
「ヘタイラ」は「ヘテロス」（恋の相手）という言葉が語源で、「一緒に暮らす、ともにする」者という意味である。婉曲に言えば、ヘタイラと娼婦は区別されていたし、その多くが元は奴隷だったり、戦争のとき敵側の女だったり、あるいは海賊に略奪されてきたり、あるいはまた、幼児のときから娼婦になるように運命づけられてきた女たちだったのだ。(1) ここではヘタイラが娼婦とは異なる存在だったことは注意しておきたい。ポルネ（売春婦）の名は「売る」とか「提供する」を意味する「ペルミネ」から由来している。

ヘタイラは「売春婦」や、取るに足りない娼婦である「カマタイレス」とは無関係だし、アフロディテ神殿に仕える「お金をとって性行為をする少女たち」や「座して待つ女」、「酷使されて踏みつけられた女たち」とも、また、その名が「カサス」――馬の鞍に用いられた皮革のことで、「娼婦」となんらかの関係がある――から生じた「サラデス」とも無関係だ。また、イタリア語の「プッターナ」(puttana「娼婦」)から生じた「プタネス」とも無関係だった。

また、ヘタイラは「パラキデス」とも無関係だった。パラキデスとは戦争の相手国から囚われの身となって連れてこられ、その後買われた女たちのことを意味する。そういう女たちはたくさんいた。ホメロスはラトエとカシアネイアのことを書いている。

また、ヘタイラを笛吹き女やキターラ弾きと混同してはならない。彼女たちは身体を売るだけでなく、芸術的な技芸をも披露した。橋の袂《たもと》で商売をする「ゲフュリデス」(「橋」)もいたし、「デミエス」(「街娼」)は誰でも買うことができた。また、「カタクレイステス」(「引き込もっている者」)というのもいて、彼女らは戸外ではなく、屋内の売春宿で体を売っていた。

ヘシュキオスは街娼を指す名前をほかにもたくさん伝えている。「アポフラシ」(冒瀆の女たち)、「デミエ」(公共の場で仕事をする女)、「ドロマス」(街を流して歩く女)、「エピパスタス」(寝室で待つ女)、「カサルバス」とか「カサルベ」(男を呼び入れて、その後で追い出す女)など。「カサルバス」という語から、「娼婦のように罵る」という意味の「カサルバゼイン」なる動詞が生じた。

ヘシュキオスが挙げている街娼の呼び方はこれにとどまらず、カサウラ、ササウラ、カサウリダ、カソリダ、カソリティダ、カサという名称もあった。

売春宿のことは、カサルビア、カサウレイア、カソレイアなどの名で呼ばれたが、アリストファネスは「体を売る」を意味する動詞「ライカゼイン」から派生した「ライカストリア」という名称も使っていた。

もう一つ、別の名称があった。それは「マクルン」から出た「マクラス」または「マクリス」で、「マクルン」は「体を売る」を意味する「マクレウエイン」が語源である。

（1）古代社会では一般に女子の誕生は歓迎されなかった。とくに、男子がすでにいる場合には、二人目の女児はたいてい捨てられた。捨てられた女児はすぐにも死の運命が待ち受けていたし、運良く人に拾われても、奴隷か娼婦として育てられるのが普通だった。

ポン引きと料金交渉

ヘタイラは他のすべての娼婦たちと区別されなければならない。ヘタイラたちは大切にされた。アイスキネスは[1]『ティマルコス弾劾』という弁論の中で、このヘタイラたちについてだけ述べている。アッティカの法典には、『ヘタイラの文書』または『ヘタイラの報酬』と題するものが存在した。アリストファネスとその後継者、ビュザンティオンのアリスタルコスは、ヘタイラの数を百十三名にのぼると見積もっていた。他の人たちはもっと数が多いと考えていた。もちろん、この数字はアテナイだけのものである。

有名なヘタイラは堂々たる高級な家に住んでいた。彼女らは大切な友だちを招かなければならなかったし、このような家でなければ、そういう人を招くことができなかったのだ。そういう人たちの中には政治家、哲学者、芸術家、その他彼女らの後をつけまわして友情を求めたり、その見返りに贈物や金を贈る者もいた。

名もないヘタイラはケラメイコスに住んでいた。ここで彼女らは友だちを求めた。彼女たちは人を呼ぶために夢中になって自分の魅力を振りまいたり、性的に挑発したりといったことをしなかった。彼女らは身振り手振りだけで客を呼んだ。親指と人差し指で○印を作った。これは、性交渉はＯＫよ、ということを意味した。男たちも或る仕草をして女たちに応えた。中指を大きく突き立てるのだ。こうして女は男に近づき、二人は連れ立って出かけるのだった。

ヘタイラの中にはこんなやり方を好まない者もいた。相手がいなくて暇なときにはケラメイコスに行ってしばしば壁に自分の名を書いた。彼女らを望む男たちはそこで彼女らの名前の下に自分の名を書いた。もちろん、男たちの中にはいくら払えるかを書き加えることで料金交渉を回避する者もいた。ヘタイラがその料金に同意したときには、自分の名を消して、一緒に出かけて行くのだった。

時にはこれと反対のこともあった。つまり、男が自分の名を書き、その下に自分の望むヘタイラの名も書き添えたのである。

もしヘタイラが自分の名を見つけ、しかもその男に同意したとしたら、彼女は名前の書いてある壁の所へ出向いて、その壁に寄りかかって料金交渉を待った。しかし、もし彼女が空いていなかったり、自分の名を書いてくれた男を望んでいないときには、出向いて自分と男の両方の名を抹消した。

ヘタイラに会うもう一つの方法は私がシノペに会うためにやった方法で、足跡を辿ることであった。土の上には足跡がついていて、その上に「私についてきなさい」という言葉が書いてあったのだ。すでに述べたように、サンダルの底には鋲で文字が刻んであった。

フィロデモスが述べているとおりに、ヘタイラの料金交渉の会話を以下に再現してみよう。

「こんにちは」

「やあ、あんたの名前は」

「あなたの名前を先に言って」

「名前を知られたくないんだが」

「あたしもあんたと同じよ」

「今、空いている?」

「あたしを欲しがっている人はいつもいるわよ」

「今夜いっしょに食事でもしないかい?」

「あんたが良ければ」

「決めた。それでいくらだい?」

「やる前から決められないわよ。あたしが気に入ったら、気に入った分だけちょうだい」

「いつがいいのかい?」

「いつでも」

「さっそく今から」

「それじゃ、行こうよ」

客とヘタイラとの通常の会話のもう一つの例。

「娘さん、こんにちは」

「こんにちは」

「前を歩いているのは誰？」

「あんたに何の関係があるの？」

「理由なしに訊いたりはしないさ」

「あたしの奥様ですよ」

「申し込んでいいかい？」

「何がお望み？」

「一晩中」

「報酬は？」

「金《きん》で」

「それはいいな」

「これくらいでどうだ？」

「それじゃ駄目よ」


ヘタイラは他のアテナイの女性とは違う服装をしていた。彼女たちは服装でそれと分からなければならなかったのだ。(2) 法律によって彼女たちは既婚女性や未亡人のような立派な女性と同じ服装をすることは許されなかった。彼女らは特別な服装、華美で高価なアクセサリーを身につけてアゴラや町を歩いたり、劇場に行くことを義務づけられていた。

ヘタイラは他の尊敬すべき女性たちと交友関係を持つことはできなかった。ごく稀に、アフロディテを祀る祭儀のときだけ、彼女たちは他の女性たちと同じテーブルにつくことが許された。アテナイオスは著作『食卓の賢人たち』の中で、ローマの文筆家ラレルシウスの家で催された素晴らしい文学的なシュンポシオンの様子を友人のティモクラテスに語っている。

しかし、メロス島出身のディアゴラスの息子で、リラの奏者であり、無神論者でもあり、デモステネスの師匠でもあったイサイオスもやはり、ヘタイラが他の女性たちと交際すること、神殿に入ること、そして聖域で秘教の会員になることを厳禁していたのだった。

(1)(紀元前三九〇頃－三二四) フィリッポス二世の拡大政策に対して、全ギリシャがマケドニアに頼らずに、ポリスの平和を保つために、全ギリシャの普遍的平和を唱道した。アイスキネスは宿敵デモステネスの支持者ティマルコスがフィリッポスから賄賂をもらったとして、ティマルコスを告発した。

(2) アッシリアの法律は、売春婦に対して、その職業のしるしとして、通りを歩くときに頭や顔を覆ってはならないと定めていた。きちんとした女性はヴェールと被り物をつけていたから、頭や顔を剥き出しにしていれば、すぐに売春婦と分かったのである。

売春

売春は小アジアのイオニアの都市から伝わった。アテナイではソロンが既婚女性の名誉を若者の攻撃から守るために、売春を採用した。アテナイオスは次のように報告している。

「当初ソロンは体力を持て余している若者が女を買うことができる『女の館』を建てた」。また、こうも言っている、「下品なアフロディテの最初の神殿を建てた」と。

後になって売春はギリシャの他の多くの都市にも伝わった。だが、スパルタだけは売春を容認しなかった。

報酬

売春婦のいる公営の売春宿（ヘタイラはここにはいない）の入場料は一ドラクマだった。「アフロディテの仕事〔セックスのこと〕は一ドラクマの買い物だ」、とプルタルコスは言った。アテナイオスも「一オボロス（六分の一ドラクマ）あれば売春宿に入れる」、と言った。一ドラクマ以下の娼婦もいたし、三十レプタ[1]しか取らない娼婦もいた。そのために、こういう安い娼婦は「カリティティデス」と呼ばれていた。

公認の安い売春宿が一つ、イミトス山付近のキュロスにあった。その付近にはアフロディテ神殿もあり、石女《うまずめ》のための温泉場もあった。この売春宿は料金も安く、どんなに貧乏な男たちでも利用できた。

大部分の娼婦の報酬は、一ドラクマから十ドラクマだった。一ドラクマは六オボロスに相当した。アリストテレスは笛〔ダブルフルート〕吹きとキターラ吹きは二ドラクマ以下だった、と語っている。

娼婦の報酬がいかに高額だったかを理解するには、ラウレイオンの労働者（奴隷）が働かされて受けとる謝礼が一オボロスだったことを考えてみればよい。また、民会出席の日当[2]が一人当たり二オボロスだったのである。

ヘタイラの中には少数ではあるが、高い報酬を受け取る者もいたし、料金交渉は厳しかった。フリュネは一晩百ドラクマ、グナタイネは千ドラクマの報酬を取っていた。気前よく料金を払った男の一人にパシオンがいた。彼は盾を製作する仕事場を持っていて、そこから多額の収入を得ていたのだ。

カラクトラスは言っている、「性の接触は何と甘美なことか。誰がこれに手も触れないでいられようか。それにしても、金を払う段になると薬草ヘレボロス〔バイケイソウ〕より苦いわい」と。

ローマの詩人カトゥルスも同じようなことを言っている、「一回のくちづけはヘレボルスよりも苦い」と。

口づけにも料金を払った。ヘレボロスは苦味のする植物で、人びとの狂気の治療薬として処方されていた。

ある詩集には、値段の高いヘタイラのステネライスに捧げられた、マルコス・アルゲンタリオスの好色な「サテュロス」詩が載っている。その中で、彼はステネライスを、自分に焦がれてやってくる男たちを丸裸にしてしまう「金でできた焼き打ち船(3)」と呼んだ。

ヘタイラの中には相当な報酬を貰っている者がいたのは事実だ。彼女たちは自分の容色が移ろいゆくことをよく知っていたから、多くの者は愛人から高価なプレゼントをせしめていた。ときには愛人の死後、莫大な遺産を貰う者もいた。これとは反対に、より高い金を出してくれる男のところには行かずに、一緒にいるのが楽しい男のところへ行くこともあった。

コリントスには、高い報酬を取るヘタイラがたくさんいた。だから、「コリントスは誰もが行けるところではない」という言葉が広がっていた。

エウボロスは喜劇『パニュキス』の中で、ある売春宿のようすを、女たちが客の財布の紐を緩めようとして、聖なる流れのエリダノス川に住むニンフのように、半裸で蜘蛛の巣のように編んだ透き通ったドレスを着て一列に立ち並んでいる、と描写している。ここでは、男たちは何のリスクも伴わずに僅かの金で心から楽しんで女を買うことができるのだ、と記されている。

クセナルコスは次のように言っている、「花柄の衣装を着け、胸を露わにした美しい娘たちの中から、どの男でも気に入った者を買うことができる。また娘たちはきみをほとんど力づくで捕まえるし、きみのほうでももちろん昼であれ夜であれ、僅かな金で彼女たちを買うことができる」と。たしかにヘタイラの中には高い報酬を得る者もいたが、一方で彼女らは「居留外国人税」と呼ばれる税金を払う義務があった。公認の売春宿は「娼婦館税」とでもいうべき税金を払っていた。これらの税金は徴税吏が取り立てていた。

ヘタイラたちは神々に高価な捧げ物をした。多くの女たちは美と愛と快楽の女神アフロディテを愛していた。彼女たちがこの女神にさまざまな名をつけたのも確かなのであって、エロス神「パンデメ」、知的な女神「ウラニア」、処女と未亡人の神「ニュンファイア」、栄誉ある愛の女神「クリュセ」、にこやかな神「フィロメイデ」、老化を遅らせる神「アンブロゲラ」、などと呼んでいたのである。

エジプトでは、女神を「ポルネ」[4]と呼んで崇拝していた。アフロディテのシンボルは、りんご、百合の花、ぎんばいか、柘榴、野うさぎ、牡山羊、牡羊、鳩、亀、雀、だった。

「プシテュロス」(「ささやき」)というアフロディテ神殿があって、女たちは個々人で自分らの密かな願いごとを囁いていた。

　人びとはアフロディテ神像も建立した。パウサニアスはテバイでは三体も建立された、と報告している。その中の一つ、パンデメ・アフロディテは牡山羊の上に女神が座している神像だ。アテナイでもやはり、ヘタイラたちが尊敬するパンデメ・アフロディテ像があった。ヘタイラたるフリュネの愛人は、一人は彫刻家プラクシテレス(5)、もう一人は画家アペレスであって、彼らは人口に膾炙されているように、フリュネをモデルとしてアフロディテ像を彫り、また絵を描いたのだった。

　アフロディテ神殿には奉納物が捧げられた。パルメニスは「扇子」を、リュシディケは金の匙を、笛〔ダブルフルート〕吹きのボイディオンは自分の帯を、年老いたヘタイラのニキアは現役のときに使っていて引退とともに使わなくなった持ち物すべてを、それぞれ寄進した。多くのヘタイラたちは仕事で得た報酬をアフロディテ神殿に捧げた。

　ヘロドトスは、バビュロン人は妻に生涯に一度外国の男と性行為をするよう強要した、と伝えている。外国の男は交わりの前に、アッシリア人の言う、いわゆるお産の女神アフロディテ・ミュリタスの名において、女が欲しがるだけの金額を女の膝の上に置いた。この金は交わった女が貰うのではなく、女神のために神殿に供えられたのだった。

　ストラボンも同じことを言っている、「すべてのバビュロニアの女たちは外国人と交わることが古くからの習慣である」と。

　ヘロドトスはさらに、アルメニア人たちはアナイティスを崇めていたことや、アナイティスに彼らの娘たちの処女を捧げさせた後で、娘たちを結婚させていた、と述べている。

同じことはリュディアでも行われていた。リュディアでは娘たちは結婚の持参金を作るために、処女を捧げて売春させられた。キュプロスでも同じようなことが行われていたが、アテナイではそのようなことはなかった。

公認の売春宿以外にも私設の売春宿は存在した。私設のほうが高かった。これらは「ポルノボスコイ」（「娼婦の羊飼い」）と呼ばれる娼婦の親方の所有だった。もちろん、低レベルの売春宿もあった。ここでは安い料金で快楽を楽しむことができた。ポルノボスコイは娼婦を売る権利も持っていた。ポルノボスコスとして有名だったバタロスは、搾取していたヘタイラの一人ミュルタレスを略奪した科で、コス島で裁判にかけられた。彼が主張したのは、客に貸し出したヘタイラを、客が料金を支払わなかったために奪い返しただけということだったらしい。むろんのこと、バタロスはミュルタレスを裁判所に連れて行き、彼女が男たちに乱暴されて身体に付けられた黒あざを見せた。そして、自分はこのとおり彼女を貸し出したのに料金を踏み倒されたのだ、と裁判所に訴えたのだった。

裁判所でバタロスは次のような告白をした、「自分はホモで、家族もみな密告者として稼いで暮らしていますが、それでも結婚前の娘たちを貸し出すことは決してしてしません」と。(6)

（1）一レプトンは百分の一ドラクマ。レプタはレプトンの複数形。

（2）直接民主制が行われていたアテナイでは、市民の資格のある成年男子はすべて民会〔現在の国会〕に出席した。

（3）むかし、敵の艦隊を焼き払うために燃料や爆発物を満載、点火して敵の風上に流した。

（4）「性愛の神」の意。ポルネは「売春婦・娼婦」を意味する。

（5）アテナイの彫刻家。紀元前四世紀の半ばに活躍。紀元前五世紀のフェイディアスと並んで、ギリシャ最大の彫刻家。大理石を使ってギリシャ神話の神々を刻んだ。

（6）古代に栄えた小アジアの都市。

奴隷の身分から這い上がったヘタイラたち

多くのヘタイラももとはというと、奴隷身分だった。ヘロドトスはどこかで次のようなことを書いている、「もとはトラキア人の血を引くロドピスというヘタイラがいた。彼女はサモス島のイフェストポリオスの奴隷で、イソップ(1)と同輩だった」と。

多くの奴隷はヘタイラになった。ネアイラの物語は有名だ。ニカレテがエリスで将来美人になることを見込んで、六人の少女もろとも奴隷商人から買った。ニカレテは娘たちに教育を施し、彼女らが成人すると、自分の娘だと言って、ヘタイラとして貸し出した。

ニカレテは仕事が行き詰まると、コリントスに行ってネアイラを三千ドラクマでコリントス人とレフカス人(2)に売り払った。彼らは彼女を共有したのだ。しかし、彼らが結婚すると彼女を手放さなければならなくなったので、彼女に対して身の振り方を考えるように、と言った。すなわち、売春宿に行くか、千ドラクマ安くするから身受け金を支払って自由の身になるか、どちらかに決めるがよい、と言ったのだ。するとネアイラはアテナイ人のフリュニオナスを見つけ出し、この男が見受けの金を払って彼女を自分の所有としたのである。

当時住んでいたアテナイで、フリュニオナスは彼女をしばしばシュンポシオン（宴会）に連れて行ったが、その席で彼女は彼女を欲しがる男なら誰とでも、たとえ奴隷の召使いであってもセックスの相手をした。そのために彼女はとうとうフリュニオナスに見捨てられ、それからメガラに赴き、そこで娼婦として働いた。

メガラで、彼女はアテナイ人ステファノスと知り合った。すると、ステファノスは彼女に次のような約束をした、きみをきみの数人の息子と、一人の娘ともどもアテナイへ連れて行って妻とし、きみの子供たちを俺の子供にしてやる、と。

アテナイでは、彼女はたくさんの金をもうけた。ヘタイラとして身を売ったのではなくて、ステファノスはネアイラに美人局《つつもたせ》をさせ、自分の妻を寝取った、と言いがかりをつけて相手の男を脅迫したのだ。そんなとき、昔の友人のフリュニオナスが彼女を見つけ出し、彼女の行状を知り、彼女の所有権を要求した。

裁判官は敵どうしの二人の相反する主張を解決するために、ネアイラを二人の所有物としたうえで、フリュニオナスとステファノスは彼女をヘタイラとして交互に使うべし、という裁定を下したのだった。

ステファノスはネアイラの娘を実子として、またアテナイ人として、アテナイ市民フラストラスと結婚させたのだが、フラストラスは事実を知るや彼女を離婚させた。彼女はその後、テオゲネスと結婚させられた。

このようにして、ステファノスは二度罪を犯したのだった。なぜなら、彼はネアイラの娘を二度もアテナイ人として扱ったからだ。そのため法律によって、彼は市民権を剥奪され、財産は公共（すなわち、ポリス）と賎民の物とされてしまった。

娘の二度にわたるアテナイ市民との結婚は、ネアイラの母親としての立場を悪くした。ネアイラは外国人なのにステファノスの正妻の身分を勝手に利用した、という科であらためて奴隷身分に落とされることとなった。ステファノスは、子供たちは他の女に生ませた自分の子であり、アテナイ人なのだから合法的だ、と主張した。そして、裁判が行われたのだが、これは大変興味深いものだった。というのも、この裁判に訴追人としてデモステネスが出席していたからだ。デモステネスが書いた『ネアイラ弾劾』は有名だ。ステファノスはこの裁判で敗訴したと言われているのだが、ネアイラがその後どうなったのかは知られていない。

（1）『イソップ物語』の著者。イソップは解放奴隷だったが、サモス島に住んでいたことをヘロドトスが証言している。

（2）レフカスはギリシャの北西、アカルナニア沿岸の島。この島はラフカディオ・ハーンが生まれた島でもある。（前出）

アテナイ以外のヘタイラのこと

ヘタイラが栄えたのはアテナイだけではなかった。コリントスはヘタイラが繁盛していることで有名だった。コリントスは商業の中心地で、たくさんの金持ちが集まっていたからだ。アテナイではヘタイラの数は前に述べたようにおよそ百三十五人だったが、コリントスではヘタイラや聖域に仕える奴隷（彼女たちも売春していた）を合わせると千人にも達した。ストラボンはこのように見積もっていた。「コリントスは誰もがいけるところではない」という、前に述べた言葉はコリントスの高給ヘタイラが口にしていた言葉だったのだ。

ケンクレアイに行く手前、コリントスの町はずれにクラネイオンの杜があった。この杜の中に競技場とベレロフォン[1]に捧げられた神域があり、ヘタイラが仕えた「メランダ」（黒いマドンナの木彫）のアフロディテの神殿もあった。そこにはヘタイラのライスと犬儒派の哲学者ディオゲネスの墓もあった。

しかし、ギリシャ以外の地でも売春は盛んだった。アレクサンドリアにはたくさんのヘタイラがいて、豪勢な家に住んでいた。ヘロンダス（ヘロダス）[2]は一つの町全体が「アフロディテの家」になっている町があると報告している。アレクサンドリアの人びとは、サモス島からやってきた一人の踊り子アガトクレイアを母親オイナンテスと兄のアガトクレスもろとも細切れにして殺してしまった。それというのも、彼女たちはプトレマイオス・フィロパトロスの王宮に忍び込んで王女の殺害に加わったかららしい。

古代のローマには四十五軒の公認売春宿が競馬場の近辺にあった。ポンペイには七軒あった。フローラはローマの有名なヘタイラだった。彼女は死後、ポンペイに莫大な財産を残した。裸の男と裸の娘とのレスリングを自分の金で組織したのも彼女だった。

民会は娼婦の結婚を禁止した。シケリアではサン・ジュリアーノ山のエリカの丘にアフロディテ神殿があった。カリグラ帝[3]は「娼婦税」を法令で定めた。多くの女たちが夫の同意のもとに娼婦になった。

(1) 雌山羊の化身、ライオンと山羊と龍の身体を持った怪物を退治した英雄。
(2)(前二七〇頃) ミモス劇詩人。『ミモス一』、『ミモス二』の詩集がある。
(3) ローマ皇帝(在位三七‐四一)。治世の当初善政を敷いて人望を得たが、後オリエント風の専制政治に憧れ、皇帝崇拝を強要して、各地に自分の神像を作らせた。猜疑心が強く、有力者を処刑、元老院とも激しく対立して、四一年、宮廷内で暗殺された。

ヘタイラへの賞賛と非難

たくさんの歴史家やたくさんの詩人がヘタイラのことを書いた。有名なのはアテナイオス[1]の『デイプソフィステス』(食卓の賢人たち)とルキアノス[2]の『ネフリコス・ディアロゴス』(死者との会話)だ。アルキフロン[3]は三冊の完本を書いた。これはヘタイラのセックスを百通りの手紙の形で綴ったものだった。デモステネスは次のように言っていた、

「ヘタイラは快楽のために、パラキス[4]は体の面倒を見るために、そして、妻は市民になるべき子供を産み、家を守るためにある」と。

クセノフォン[5]も同じ考えをもっていた。すなわち、「女は外にいるより家の中にいるほうがいい。男が外に出ていかないで、家に中にいるのはたまらないことだ」というのである。

当然のことながら、全員がヘタイラを称賛した。彼女たちは人目につく、きわだった存在で、飛びぬけた一つの階級を形成していた。身体の美しさとならんで、優れた精神的文化的教養を備えていたので、当時の要職にあった男たちや執政官の関心を引く女たちはみなこの階級に属していた。人びとは彼女ら、優れたヘタイラたちに見惚れ、賛美し、崇めた。しかも、彼女たちにはたくさんの公共の仕事を託していたし、このことは名士たちに影響を及ぼした。彼女らは「教育の助けになった」のだ。

アガメムノンはトロイアの都市クリュセのアポロン神殿から、神官クリュセスの娘のクリュセイスをヘタイラ（側妻）としてそばに置いておきたかった。彼女は実は、アキレウスがクリュセスから略奪してきたのをアガメムノンに捧げたのだった。クリュセイスは正妻のクリュタイムネストラと比べても決して身分が低いとは思われなかったから、アガメムノンは国に連れ帰って正妻クリュタイムネストラの傍におきたいと思ったのだ。「彼女はクリュタイムネストラと同じくらい姿も美しく、頭もよく、やることも見劣りしない」、と信じていた。

しかし、ヘタイラに対し反対の考えを持つ人もいた。アリストクセノスもその一人であって、彼はポリュクセネに宛てた手紙で、ヘタイラがもたらす快楽ほど害悪をもたらすものはない、と書いた。ヘタイラの快楽には不実、軽薄、偽善性があり、憧れを萎えさせる。彼は言っている、私は思慮深さ、堅実さのほうが好きだ。だから、持参金つきの女と結婚するつもりだ。ヘタイラの誠実さを金で買うのは難しい、と。

アナクシラスはたくさんのヘタイラを神話に出てくるスキュラ(6)、カリブデス(7)、キマイラ(8)のような怪女と比較して、ヘタイラはこういう怪物よりもひどい、と書いている。

真実はというと、ヘタイラの果たした社会的役割や輝きがアテナイの家庭の特徴とうまく絡まりあっていたのだ。本書で述べてきたように、当時の未婚男子は自由だったから、自らの心の世界を広げ、どのような願望を遂げることも可能だった。しかし、未婚女子は社会的に孤立していた。その結果、彼女の精神性は失われていった。女たちはこれまで見てきたように、多くの場合、結婚式で初めて自分の夫を知ったのだった。夫婦の性生活は無味乾燥で、ままごとのようなものだった。だから、男の無聊は、著名な男たちの場合はヘタイラが慰め、その他の男たちは妾やそのほかの社会の女たちが慰めていたのである。

上述したことが当時の社会のありさまだった。もっとも多くの市民はヘタイラの全盛期、すなわち、紀元前五世紀末にはヘタイラが結婚制度に多くの危機をもたらしたと考えていたのである。ヘタイラの存在が結婚の衰退の原因になったのではなくて、それどころか逆に、ヘタイラは当代の女性の存在の輝かしいランドマークともなっていたのだった。

ペロポネソス戦争(9)の時代に市民の数が減少したので、一人ひとりのアテナイ人が合法的な妻(正妻)のほかに、(正嫡と見なされる子ならどんな子でも)もうけるために二番目の妻を持つことを義務づけられた。こうして生まれた子はすべて正嫡とされた。

(1) 二世紀後半から三世紀にかけてのエジプトのナウクラティスの人。唯一の『食卓の賢人たち』は多くの学者、通人の食事、宴席に関係する事柄に関する古作家からの引用に満ちた会話体の書で、特に喜劇からの引用が多く、古代の日常生活と文学史研究の宝庫である。

（2）（前一二〇－八〇頃）　ギリシャの風刺詩人。シリアに生まれ、哲学を愛好した。アテナイに定住。純粋典雅なギリシャ語で風刺対話八十余篇を書き、宗教、政治、社会の愚昧や悪徳を攻撃した。

（3）（前二世紀頃）　約二十四通の手紙が残っている。有名なヘタイラが書いたと思われるこれらの手紙は、メナンドロスの作風を反映している。

（4）一夫多妻制で、第一婦人以外の妻。内妻、妾。

（5）紀元前五－四世紀の人。傭兵兵士。著述家。青年時代にはソクラテスと交際があった。『ソクラテスの弁明』、『アナバシス』その他たくさんの著書がある。

（6）メッシナ海峡のイタリア側にいたという、三重の歯が生えた口を持つ六頭十二足の海の怪物。スキュラはカリブディスの渦潮に面する洞穴を住居とし、（オデュッセウスをはじめとする）船乗りが海峡を渡ろうとするところを襲った。

（7）メッシナ海峡の渦潮の擬人化。

（8）体の前部はライオン、真ん中は山羊、後部は龍で、口から火を吹く怪獣。英雄ベレロフォンに退治された。

（9）紀元前四三一－四〇四にわたってアテナイ同盟軍とスパルタを盟主とするペロポネソス同盟軍との間で行われた戦争。トゥキュディデスの『戦史』にその全貌が綴られている。

笛吹女、売春宿の女、聖域の女奴隷、その他

ヘタイラは私たちに肉体ばかりか、魅力や才能をも提供してくれたので、他のあらゆる女から分けて考えてきた。今度はこういう彼女たちの話を紹介しよう。

笛吹女は男友だちを見つけるためにしばしば歓楽街へ通った（ヘタイラはそういう場所へは行かな

かった）。彼女らは男友だちを自分の家に呼び込んだ。笛吹女はヘタイラと売春宿の女たちとの中間クラスの存在だった。

ルキアノスとアルキフロンは笛吹女の名前をたくさん知っていた。彼女らの多くが後にはヘタイラの身分にのし上がった。この逆に、多くのヘタイラが笛吹女に身分を落としたのだった。それというのも、笛吹女の多くは芸術家だったからである。彼女らはいたるところで、人生の喜びを笛の音に合わせて吹いた。彼女らと一緒にサンビュケストリダ（サンビュケ奏者）が付いていて、サンビュケを演奏した。サンビュケとは三角形のハープに似た撥弦楽器で、弦は四本のものとそれ以上の弦のものとがあった。

笛吹女はほうぼうの地方の出身者たちであって、所作で出身地がそれと分かった。ドリス出身の笛吹女は「慎み深くひらめきがあり、内に男性的な力強さ」があった。リュディア出身の笛吹女は「小アジアのアフロディテ[1]の秘儀を信仰していた」。イオニア人の笛吹女は「優雅でやさしく、嘆き悲しむ女」であり、アイオリス出身の女は「優雅で、活発で、男の客が多くついた」。テバイ人の笛吹女は笛を吹くだけではなかった。とても上手に歌を歌い、踊りを巧みに踊り、物まねがとくに上手だった。

概して、笛吹女は美しく陽気だったし、彼女たちの姿形は憧れの的だった。「彼女たちの美しさは無言の詩である」とシモニデスは書いている。笛吹女は身体を売ることだけが目的ではなかった。アテナイオスはこんなことを書いている、「友人が一人の笛吹女が宴席で彼に近づいたとき、彼女を追い払った。それなのに彼女が踊るのを見て、居合わせた人びとが彼女を金持ちに売りたいと言い出すと、彼は、私が買おう、と言ったんだ。すると、宴席にいた他の人たちが、今さら何を言うんだ、と言って彼を袋叩きにした」と。

笛吹女は、一時ヘタイラが男たちに対して厳しい態度をとったようには、男たちに対して厳しくなかった。恋をすると、ずっとその男を信じて、一途な愛を捧げるのだった。彼女たちの需要は大きかったのである。

笛吹女たちは男なしで、彼女らだけで集まり、飲み歌い、踊ることもよくやった。自分たちだけの楽しみを持ったのである。彼女らだけで美人コンテストを行い、いちばん美しい者を選んだ。ルフィノスによると、こういう美人コンテストで、ロドペとメレテとロドクレイアの三人の美女が競ったところ、パリスがアプロディテにりんごを与えて、他の二人の女神の怒りを招いたのと同じように、(2)不公平が起こるといけないから、と言って三人に賞を授けた、とのことだ。

笛吹女のメガラはパーティに行かないで、大好きなアルキフロンと一緒に過ごしていた友人のバッキダに手紙を書いた。その中で、彼女は、パーティがとても楽しかったこと、トゥリュアダがどちらのお尻がいちばん美しい形をしているかとメレテと言い争いをしたこと、トゥリュアダがその言い争いに勝ったこと、それからいちばん美しい胸と美しいお腹を競うコンテストではピルメネが勝ったこと、などを告げている。

以上は笛吹女のことである。今度はカマイテュペス〔売春宿の女たち〕(3)の番だ。彼女らは街道で自由に〔歩き回って〕商売をしたり、または、アテナイ、特にペイライエウスの定宿に住んでいた。港町では彼女たちの仕事がずっと多かったからである。彼女らは「メトイコイ税」〔居留民税〕を払っていた。この税のことを「ポルニコ」（娼婦税）とも言った。彼女たちは税金を払って街道で自由に商売をする権利を手に入れていたのだ。ΕΠΟΥ（ついておいで）という文字を鋲で底に打ち込んであるヘタイラはほとんどいなかったが、売春婦は全員そういうサンダルをはいていた。

遊女らは居酒屋、劇場、床屋、娯楽センターに足繁く通った。彼女らの服装はけばけばしく、なかには住んでいた家の戸口や窓辺で口に花を一輪くわえて客待ちする者もいた。

彼女らは要領のいい答え方を知っていた。ある娼婦は糸を紡ぎ、機を織り、育児で疲れていた主婦に向かって、あんたは甲斐性なしだねえ、と言った。「あたしなんかわずかな時間で、三人もの勃起したペニスを満足させてやったよ」。

聖域の奴隷は「神殿売春」を生業《なりわい》にしていた。神殿や豊饒の女神の聖域で売春が行われていたのだ。彼女らの使命には性の儀式なるものもあった。聖域には少数ながら男の奴隷もいたが、彼らが人工的に造った男根で彼女らの処女を奪うことはしなかった。また、聖域での売春も行われた。神殿売春は「初夜の正当性」とは無関係だった。処女は神殿内で人工の男根、または神官による凌辱が許されていた。それらは豊饒の女神の代理とされていたのだ。娼婦たちと同じように、男娼もいた。つまり、歌詠《うたうた》い（詩人）、ダンサー、そしてキターラ弾きの男たちによって。メネラオスは歌詠いが好きで、兄のアガメムノンは或る宮廷詩人にクリュタイムネストラを見張らせ、王妃について良いこともつまらないことも逐一歌に託して報告することを命じた。アイギストス[4]はクリュタイムネストラを手に入れるために、この宮廷詩人を捕らえ、彼を殺すため無人島に無理やり連れて行った。

ダンサーのピュラデスはダンスを踊るだけではなく、ダンスに関する本を書きもした。また、アレクサンドリアのバビュロスはパントマイムをダンスで演じた。ソフォクレス[5]は若い頃は大変な美男子だった。彼はラブロスからダンスを学んだ。サラミスの会戦[6]の後、歓喜のあまり彼は身体にオリーブ油を塗って勝利碑のまわりで踊った。彼はトラキアの詠い手タミュリンのことを真似たとき、キターラを弾いたのだった。

ソクラテスはメンフィスの踊りが大好きだったし、しばしばそのダンスを踊った。ソクラテスはこれが体のいろいろの部分を動かすよい練習になると信じていた。アイスキュロスは振り付け法[7]を考案し、これをダンサーに教えた。

アイスキュロスはテレスティスを大変なダンサーとして所有していたから、『テーバイを攻める七将』の劇を踊りで上演することを許した。当時の有名なダンサーのボルボスとクレタ人のゼノンは特にアルタクセルクセスに愛されていた。

テオフラストスは、シケリア島出身のアンドロンが笛をとても上手に吹き、彼の笛のリズムに合わせて自分は身体をゆすっていた、と述べている。それで、昔の人は「ダンス」のことを「シケリア踊り」と言っていたのである。

(1) シリアやパレスティナで信仰されて、絶大な支配力を保っていたイシュタル、またはアスタルテと同一視される。
(2) トロイアの王子パリスはゼウスの指示に従って、ヘラとアテナとアフロディテの三女神の美人コンテストの審判をした。彼はアフロディテをもっとも美しい女神と判定して黄金のりんごを与えたが、そのためにヘラとアテナの怒りを招いた。これがトロイア戦争でのトロイア側の敗北につながった。

(3) アテネから西十キロのところにある港町。現在のピレウス。往時から現在までアテネの海の表玄関として栄えている。

(4) アガメムノンの従兄弟。父テュエステスの仇を討つために、アガメムノンの出征中にクリュタイムネストラの情夫となってミュケナイの王位を奪ったうえ、トロイアから帰還したアガメムノンを殺してしまった。

(5) 紀元前五世紀にアテナイで活躍した。アイスキュロス、エウリピデスとならぶ三大悲劇詩人の一人。前四八〇年のサラミスの勝利を祝って合唱隊を指揮した。

(6) 第二次ペルシャ戦争。テミストクレス率いるアテナイの海軍はクセルクセスの率いるペルシャの大艦隊を、前四八〇年サロニカ湾のサラミスの海戦で打ち破った。

(7) (ホログラフィエス) 舞踊術、振り付け法。一種の記号を使って舞踊・舞踏のステップ、その進動形態、ときには関係楽曲の旋律をも解説・記述したもの。

著名なヘタイラたち

アスパシア

そろそろヘタイラについて話すときが熟した。アスパシアについてはシノペがよく知っているはずだ。アスパシアは小アジアのミレトスに生まれた。

ミレトスには当初カリア人が住み着いていたが、その後、クレタ島のミレトスからミノス王の兄弟サルペドンがクレタ島民を引き連れてきて移り住んだために、ミレトスと称されるようになった。サルペドンはもうクレタ島を出てしまったのだから、彼の話はやめにしよう。伝えられるところでは、サルペドンは同性愛者の美少年ミレトスをめぐって兄弟のミノスと争ったらしい。

アテナイ人たちはたくさんのことをミレトスから学んだ。まず初めに、前五世紀末にアルファベットを採用した。ミレトスはタレスやアナクシマンドロス、アリスタゴラスなどを輩出した哲学発祥の地である。

アスパシアはこのミレトス出身なのだ。父親はアクシオコスといい、ミレトスの大哲学者たちの著作を生涯研究し続けた。この父親は幼いアスパシアに幾何学や哲学、修辞学をたくさん教えた。

アスパシアはヘタイラのトゥラゲリアと知り合いになった。アテナイにくる前はメガラにいたのだが、その時分はまだ普通のヘタイラだった。二十歳のとき、アテナイに着いたが、どういうつてがあって来たのかは誰にも知られていない。

巷間では、ペイライエウスで当時の都市計画者をしていて、大金持ちであり、ラウレイオンに鉱山を持っていたヒッポダモスに拾われたのだ、と言われている。ヒッポダモスは彼女の父アクシオコスの友人でもあり、ペルシャ人によって破壊されたミレトスの町の再建に大変助力したのだった。

ヒッポダモスは女嫌いだった。彼は少年のほうを愛した。ゼウスがトロイアからガニュメデスを略奪してきたのと同じように、彼はロドス島から連れてきた美しいレスリング選手を愛していた。ヒッポダモスがミレトスにきたとき、アスパシアは十五歳だったが、このとき彼は生涯初めて異性に対する恋を知った。

アスパシアはアテナイの最盛期にここにやってきた。当時イクティノスとカリクラテスがアクロポリスのプロピュライア（前門）とエレクテイオン（エレクテウスの神殿）を建築中だった。フェイディアスとソフォクレスとエウリピデスはまさに時代の寵児だった。ヘロドトスは『歴史』の著作に取りかかっていた。トゥキュディデスとペリクレスはプニュクス〔民会議場〕で演説していた。プロタゴラスとゼノンは毎日夕方になると弟子たちに教えを垂れていた。アルキビアデスは花の冠を頭上に載せて、シュンポシオンからシュンポシオンへと渡り歩いていた。

アスパシアはこういう世界の中で自分の居場所を見つけた。美しい人たちのほかに知的な人たちをそこに見出したからだ。彼女の美しさは詩と哲学と政治と修辞学をすべて結びつけた。彼女はたちまちにしてアテナイのあらゆる著名人をその魅力の虜にして、自分の家に彼らを集めた。その中でも常連客はソクラテスとペリクレスだった。彼らは彼女から弁論術を教わった。世に名高いペリクレスのエピタフ（葬礼演説）(1)はアスパシアの教示が与って力があったというのは嘘ではない。このために、このエピタフは彼の政治上の偉大な記念碑になった。彼はペロポネソス戦争の二年目にエチオピアの港を感染源とする疫病《ペスト》にかかって死んだ。彼が死んだのはオリュンピアド八七年(2)で、享年六十六歳だった。

アスパシアがヒッポダモスを通して最初に知ったのは、政治家のクリティアスだった。彼は彼女をものにしようとしたが駄目だった。それから、大声の弁論家アンティゲニスを知った。彼は弁論術の生徒を彼女に見つけてやった。その後、彼女はフェイディアスと知り合ったのであり、彼は彼女をモデルに使った。しかも、彼は彼女に恋もしたのだが、残念ながら失恋に終わった。

ヒッポダモスは彼女を初めてディオニュソス劇場に案内した。彼女はアイスキュロスの三部作、『アガメムノン』、『コエフォロイ』（供養する女たち）『エウメニデス』（慈しみの女神たち）で構成される作品『オレステイア三部作』を見た。

アスパシアはペリクレスとは後年、彼が戦士になったときに出会っている。彼女は当時、一般世間とはあまりつきあいがなかった。彼女はフェイディアスの工房でペリクレスと知り合った。アスパシアが二十五歳、ペリクレスが四十五歳のときだった。

ペリクレスは古代ギリシャのもっとも偉大な政治家の一人だった。彼は紀元前四九五年に生まれて、同四二五年に死んだ。政治活動の期間中に模範的な民主制を確立して、アテナイに素晴らしい記念碑を建てた。ペリクレスは姿が美しく、堂々としていて雄弁だった。ただ、彼の頭は細長かった。

ペリクレスの父クサンティッポスは政治家、母アガリステはアルクマイオン家一族の出身で、クレイステネス(3)の姪だった。ペリクレスはダモン(4)、ゼノン(5)、アナクサゴラスを師とした。

ペリクレスはまだ若年のとき、キモン(6)がマケドニアをアテナイの管理下に支配できるのにそうせず、侵略しなかったと言って、彼を告発し、政治家として名を挙げた。キモンが死ぬと、アテナイをギリシャ随一の政治・文化の中心にするために一身を捧げた。紀元前四四七年にはパルテノン神殿の造営を始め、黄金と象牙でできたアテナ女神の像を作った。

ペリクレスはアテナイに平等と真の民主主義をもたらした。五百人の議員と六千人の陪審員制度を作り、彼らに賃金を支払うことを考え出した。

ヘロドトスやソフォクレス、フェイディアスその他の優れた人物が彼の友人だった。彼はアテナイからペイライエウスをつなぐ長い城壁を建てた。パルテノン神殿を建てた後で、現在テセウス神殿と呼ばれているヘファイストトス神殿を建立した。

ペリクレス時代に郊外に住んでいた人びとはみな幸せだった。手工業は大変発達していたし、工芸も盛んだった。アテナイ人の大祭だった「パンアテナイ祭」を創始したのもペリクレスだった。「パンアテナイ祭」はシュノイキスモス(7)を記念して、つまり、アッティカ地方に点在する村々を糾合してアテナイというポリス（都市国家）ができたので、このことを記念して催す祭だった。この祭は毎年ヘカトンビオナの月〔現在の六月－七月〕に行われた。さまざまな競技会や松明競走を皮切りに、最後には、壮大な行列がアテナイの町を練り歩きアクロポリスに着く。すると、上流階級の娘たちが織った布地で作られたペプロス〔ローブ〕がアテナ女神像の肩に掛けられた。行列の先頭にアルコン〔アテナイの最高の行政官〕が進み、その後には生まれの良い若者たちが馬に乗って続き、メトイコイ〔アテナイの居留外国人〕は殿《しんがり》を歩くのだった。

「パンアテナイ祭」より少し小規模なのが「ディオニュソス祭」で、これは農民たちが参加して行われた。この祭の主役は酒とファロス〔男根〕だった。「レナイア祭」という祭もあった。これはパティティリュオスの祭(8)で、現在のディオニュソス劇場で行われた。二月頃には「アンテステリア祭」が催された。これは新酒を酒樽から開ける祭だった。

一般的に言って、ペリクレスが実現させた民主主義は現在のそれと同じではない。これは少数者による統治以外のなにものでもなかった。

とにかくこれがアテナイの黄金時代と言われるものであって、十五年間続いた。ペリクレスの死後その後継者たちは、凡庸で何の才能もない者ばかりだった。たとえば、石鹸売りのエウクラテス、羊を商っていたリュシクレス、皮なめし工クレナオス、オイルランプを作っていたイペルボロス、楽器を作っていたクレオフォン、など。

アリストファネスは言っていた、「政治《まつりごと》は学者の理屈じゃない。人びとは血のかよった政治を求めているのだ」と。

ペリクレスはアスパシアを知り合う前にすでに結婚していた。妻はペリクレスと結婚する前にヒッポニコスと結婚していて、カリアスという息子とヒッパレテという娘がいた。ヒッパレテはアルキビアデスと結婚した。ペリクレスはこのヒッポニコスの妻との間に二人の息子、クサンティッポスとパラロスをもうけた。二人とも彼よりも先に、彼と同じ疫病で死んでいる。ペリクレスの離婚とアスパシアとの浮いた話は、アテナイのスキャンダルになった。人びとはこの二つのことがペリクレスの弱点だ、と言っていたのである。

アスパシアとの結婚はなかなかうまく進まなかった。というのも、彼女はメトイコイだったからだ。彼女はイオニアのミレトスの出身だった。ペリクレス自身がアスパシアと知り合う前に定めた法律によって、アテナイ市民とメトイコイの女性との結婚によって生まれた子は市民とは認められなかった。そのうえ、ペリクレスの日常は国家の仕事で忙殺されていて、私事にかかわっている余裕がなかった。さすがのペリクレスも公式な席に彼女を同伴するわけにはいかなかった。

ペリクレスはアスパシアとの間に息子を一人もうけた。その名も父と同じペリクレスと名づけられたが、アテナイ市民はその子を庶子とみなした。後になってペリクレスは法律を変更したので、この子は正式の市民とみなされた。

ペリクレス二世は将軍の一人だった。彼はアルギヌシの戦いに参加したが、海戦で溺れ死んだ味方の戦士を救出せず、死者を埋葬しなかった罪を問われて、戦争終了後、他の将軍と一緒に処刑されている。

アスパシアに戻ろう。彼女はソクラテスとアナクサゴラスとは哲学について、カリノスとは政治について、フェイディアスとは美について、ヒポクラテスとは健康について、何時間でも喜んで話をした。彼女が身につけた学識をもってすれば、ヘタイラの世界で彼女が最高の地位を保つのは決して難しくはなかった。彼女の知識や美しさについてだけではなく、彼女の行動や経済のやり方などどれをとってみても、他のヘタイラとは一頭地を抜いていた。

彼女はクセノフォンの妻には妻の使命について教え、イソマコスの妻に対しては家政を教えた。そばにアスパシアがいなかったら、ペリクレスの出世はおぼつかなかっただろう。

彼女はソクラテスに愛の手解《てほど》きをした。ソクラテスは彼女より五歳年下だった。後に彼女は美男子のリュシクレスと知り合って恋愛した。ところがその後、リュシクレスは突然アスパシアの生活から姿を消し、ペリクレス没後再び姿を現わして、彼女と結婚した。

ペリクレスの時代にアスパシアがいたことをアテナイ人は歴史から抹消してしまいたい、と望んだ。当時、彼女の生まれ故郷のミレトスの要請が原因で起こったサモス戦争(9)とペロポネソス戦争(10)はアスパシアのせいだと考えられてきた。しかし、事実はこうである。

アテナイ人は四四二年に、強国のサモスを敵国と見たててサモスへの遠征隊を組織した。アテナイ人はこの遠征隊は当時サモス人と戦争をしていたミレトスへの救援なのだ、という口実をもうけて出陣した。サモスはこの戦争に敗れ、その後ペロポネソス戦争の間、サモスはアテナイとその同盟軍の統治下に置かれることになった。このときのアテナイの指揮官がペリクレスであって、ミレトスはアスパシアの故国だったから、この戦争の背後にはアスパシアがいると思われたのである。

現在のメニデイの町アカルナイを描写した『アカルナイの人びと』の中で、アリストファネスは第二次ペロポネソス戦争〔ペロポネソス戦争の後半、紀元前四一五－四〇四年にかけて行われた〕はアスパシアが戦火をしかけた、と書いている。

しかし、真相はこうである。

アルキビアデスが二人の仲間やイオニア出身の三人の美女たちといっしょに、メガラの人気のない海岸で野うさぎ狩りをしたいと思った。彼らの犬が或る羊飼いの羊の群れを追い散らしたので、怒った羊飼いは犬の一匹を殺した。すると、怒った三人は羊飼いを攻撃した。そのため、その羊飼いは他の羊飼いの助けを呼んだ。隣家の主人と犬を殺した羊飼いの雇い主がこの騒ぎを聞きつけて、騒ぎの原因は何なのか訊いた。アルキビアデスは事実をこの主人に説明して、犬を殺した羊飼いを懲らしめてやりたいと申し出た。

この立派な老人は可愛い少女に腕を支えられて姿を現わしたのだが、アルキビアデスの申し出には耳を貸さず、逆に彼と二人の仲間をひどく侮辱した。そこで、三人は老人の態度に報復しようとして、老人と一緒にいた少女を略奪した。これはアルキビアデスが言い出したことだった。

略奪された少女は名をシマイタと言った。アスパシアはアルキビアデスにこの少女を見せてくれと頼んだ。アスパシアは少女を知って感銘をうけた。そこで彼女に、アルキビアデスと一緒に暮らす気はないかどうかたずねた。すると、彼女はどんなことがあってもメガラには帰りたくない、とアスパシアに答えた。

そこでアスパシアはアルキビアデスに向かい、あなたはほかの女の子と楽しくやっていておくれ、シマイタはまだ幼くて教育もないから自分に預けて躾をさせてください、と言った。ペリクレスは最初は反対したが、結局納得した。アテナイのデモス〔アテナイの重要な政治単位〕がシマイタをメガラに返すべきだと決議したとき、アスパシアはこの決議に反対すべきではないということで、アテナイの人びとは意見の一致を見た。

当時、アスパシアはほかに二人の生徒を抱えていた。故国ミレトスからやってきたプラクシラとドロシス、それにアルカイダ出身のコレだった。今や四人となった生徒たちはアスパシアが自宅で遊女を養育しているという噂を広めた。アスパシアの目的は生徒を教育して、ギリシャにおいて女性解放と思想的自由を広める能力を彼女たちに植えつけることだった。

生徒たちのうち、ドロシスはダンスに優れ、プラクシラは歌とキタ－ラに優れ、コレは機知に溢れ、シマイタは知性で際立っていた。アスパシアはこれら四人の少女に哲学者と話すことは認めたが、性交渉は禁じた。

ある日、アルキビアデスがアスパシアと生徒たちを小舟で連れ出した。彼は建築家のカリマコスとアスパシアの友人パシファエも一緒に連れて行った。小舟はサラミスの近辺に着いた。

仲間たちが自然の美しさに見とれてちりぢりになったとき、数人のメガラ人が彼らを見つけ、アルキビアデスがかつてシマイタを略奪した仕返しに、ドロシスとプラクシラを略奪した。

ペリクレスはこのメガラ人たちに二人の少女の返還を要求したが、彼らは交換条件にシマイタを返せ、と要求した。ところが、シマイタはどんなことがあってもメガラに帰りたくない、と言った。

こういう事件が起こって、アテナイ人はメガラ人の憎しみを買っていたと言わなければならない。そこでペリクレスはメガラ人がドロシスとプラクシラを返還するまでアテナイの港とアゴラ（市場）で経済活動をすることを禁じ、港の出入りも禁じてしまった。ペロポネソス戦争の原因はこれだけではなかったのだ。

スパルタは実はアテナイを憎み、ペリクレスの支配を妬んでいた。スパルタはペリクレスの民主制を快く思っていなかったし、この体制が拡がることを恐れてもいた。それだから、アテナイとの戦端を開くことを待ち望んでいた。

ペリクレスはこういう戦争を久しく見てきた。そして、そのことをアスパシアに話してもいた。流血を避けるためにできるだけのことをしてきた。もしメガラ人と戦争になれば、ペリクレスの敵たるメガラ人はスパルタに援軍を求めるだろう、そうなればギリシャは流血の惨禍に巻き込まれることだろう、と民衆に説いた。

ある晩、アレイスオス・パゴス(11)の丘の上の、エウメニデス(12)の洞穴のあるところで、トゥキュディデス〔歴史家でなく寡頭派の指導者だった政治家トゥキュディデス〕とディオペイティスが共謀して、アスパシアとフェイディアスとアナクサゴラスに対し陰謀を企てた。二人はこの三人が裁判にかけられれば、ペリクレスの支配力が弱まると考えていたからだ。

陰謀は成功した。フェイディアスは投獄され、獄死した。一説では毒殺されたらしい。アナクサゴラスは神を冒瀆した科で告発されたが、ペリクレスの援助により、ファレロンの港から海上へ脱出した。アスパシアはというと、裁判にかけられた。当時四十三歳だった。

原告は片目の劇作家ヘルミッポスで、彼はペリクレスを死ぬほど憎悪していた。それで、いつもペリクレスの私生活を風刺していた。アスパシアがたくさんの人妻と娘たちにペリクレスと違法な関係を持たせた、しかも、その女たちのうちにはペリクレスの息子の妻もいる、と言ってヘルミッポスは告発したのだ。

アスパシアの裁判はアレイオス・パゴスの丘で行われた。ヘルミッポスの告発は裁判官に大きな影響を及ぼしたため、アスパシアのこの危険な判決に際してペリクレスは一介の一市民として証言した。

ペリクレスは素晴らしい雄弁を振るってヘルミッポスの告発をことごとく覆した。アスパシアの人となりや、彼女の寄与がアテナイの発展にとってどれだけ大きかったかを力説したのだ。かくしてアスパシアは無罪放免になった。アリストファネスの『アカルナイの人びと』やアテナイオスの『食卓の賢人たち』を読むと、ペロポネソス戦争は、一少女の略奪をめぐってメガラ人がアテナイに対抗してスパルタ人の応援を頼んだことがきっかけで勃発したかのような印象を与えるが、その当時はアリストファネスやアテナイオス以外の人びとでもペリクレスやアスパシアにとっての敵もやはり、アテナイの政治情勢をこの二人の不利になるように動かしていたのである。

喜劇作家のクラティノスはサモス戦争について二人を非難した。彼は『ケイロン』という作品の舞台で、ペリクレスとアスパシアの二人を痛烈に皮肉ったのだ。

エウポロスは、ヘレネがトロイア戦争の原因になったのと同じように、アスパシアがペロポネソス戦争の原因になったからと言って、彼女をヘレネと呼んだ。

エウポリスがこう言ったのは、いつもアリストファネスを妬んでいたのと、向こうを張っていたかったからだった。エウポロスが戦争好きなことは『戦争に行かない者たち』や『夫と妻』を読めば、誰にもそれが分かる。ほかに彼について何と言えばいいのでしょう？　アスパシアとスパルタのヘレネとの間にいったいどんな関係があるのでしょう？　彼女とヘレネを比べるなんてとんでもないことですよ、とシノペは言うのだった。

ここでヘレネのことを少し書いておこう。ヘレネは十歳のときに従兄弟のエナライフォロスを誘惑した。エナライフォロスは危うく彼女を犯すところだった。ヘレネが十二歳のときに、テセウスと友人のペイリトオスが彼女を略奪した。二人はくじを引いてテセウスが勝ち、彼女を手中にした。テセウスは彼女を手元に置いていたか？　いや、彼はヘレネをアフィドナにいる母親のアイトラの許に彼女を送り届けたのだった。

テセウスにとって略奪はお家芸だった。このことはアッティカの地方史家のイストロスが述べている。テセウスはこれまでにほかに四人の少女たち、つまりアマゾネスのアンティオペ、クレタ島からはアリアドネ、さらにケルキュオンとシネスのそれぞれの娘を一人ずつ略奪していた。

ヘレネの兄弟のディオスクロイ（ゼウスの息子たち）のカストルとポリュデイケスは、テセウスが自分たちの姉妹のヘレネをアッティカのアフィドナに連れて行ったことを知ると、テセウスの母親のアイトラのところへ出かけて、ヘレネを取り戻し、彼女と一緒にアイトラを彼らの奴隷としてスパルタへ連れ戻した。

ヘレネのことを熟知しているアルゴス人は、ヘレネについて次のようなことを言っている。彼女はテセウスとの間に娘を一人もうけ、アルゴスでその子を生んだのだが、その赤子を姉妹のクリュタイムネストラに手渡した。クリュタイムネストラはこの子をアガメムノンの子として見せた。この子がイフィゲニアなのだ。それだからこそ、アガメムノンはあんなにもやすやすとイフィゲニアを犠牲に供したのではないか。彼は彼女がはたして自身の子であるのか疑っていたのだ！

ヘレネという名前から判断しただけでも、彼女が何者だったか分かるであろう。ヘレネという名前は「征服する、殺す、破壊する」を意味する「アイレオ」という動詞の過去形「ヘレイン」に由来する。類語には船を破壊するという意味の「ヘレナウス」、男を殺すという意味の「ヘランドロス」、都市を破壊するという意味の「ヘレポリス」がある。「ヘレネ」という名前はこうした意味を持つ語なのだ。

これまでヘレネのことを書いてきたが、ヘレネがメネラオスの子をなかなか生まなかったのは本当だ。ヘルミオネという子を生んだときには難産だった。どうしても男の子が欲しかったメネラオスはヘレネがパリスといっしょにトロイアへ行ってしまった間に、奴隷女と寝てメガペンテスをもうけた。ヘレネの不実に対する恨みつらみと喪失感から「悲嘆」の意を表すメガペンテという名を付けたのだった。

アカイア人（ギリシャ人）がトロイアを攻めたとき、メネラオスは雄叫《おたけ》びをあげてプリアモスの城に攻め入り、妻を見つけ出してなぶり殺しにしようとした。ヘレネはメネラオスが刀を振り上げるのを見たとたん、ボタンをはずして胸をはだけた。妻を寝取られた夫は思わず目がくらくらして刀を鞘におさめ、ヘレネを連れてスパルタに戻った。その後はすべて順調だった。

ホメロスは、メガペンテスの結婚式のときはヘレネが万事指図をしたと書いている。ヘレネの話を終えるに当たって、次のことを書いておきたい。

ヘレネはメネラオスの死後、夫の兄のアガメムノンとドナウ川が黒海に注ぐマカロンという島に行った。ここで彼との間にエウフォリオナという巨大な翼を持った男子を生んだという。この子にゼウスが恋して追いかけまわしたのだが、その子は神の意に従わなかったので、ゼウスは彼をメロス島で雷をもって打ち殺した。そこで島のニンフたちが彼を埋葬した。ところが、怒ったゼウスはニンフを蛙に変えて復讐した。

どうもヘレネのことで手間どってしまい、フェイディアスの話にふれずにきた。フェイディアスのことを人びとは神を恐れない者だといって非難していた。彼はアクロポリスを飾っていたアテナの黄金の盾を、アスパシアとペリクレスと彼自身の似姿に作り変えてしまったのだった。

また、アテナ女神像を作ったときには、金を盗んだと告発されたこともあった。このときは無罪になった。実はペリクレスが無罪にしたのだが、その理由は、女神像にかぶせる金は金のプレートだったのだが、この金をはがして重さを量ることができたし、不足分がどのくらいあるかも分かるようにしてあった。アテナイ人はこの金のプレートを戦時にはがして戦費として使えるようにしていた。フェイディアスの敵は弟子の一人ベノナスに親方を訴えさせた。

ペリクレスの死後、アスパシアは深い悲しみと貧困、さらに失意が重なって身を持ち崩した。彼女はアイスキネスが描いているように、生まれも賎しく、性格も下劣なリュシクレスと知り合って結婚した。彼女がアテナイにきたときに知り合って好きになり、その後別れたのは実はこの男だったのだ。彼の商売は羊の売買で、民主派を大いに支持者していた。そのためソクラテスの紹介で、彼はペリクレスが率いていた政党の活動の先頭に立ち、アスパシアの助けも借りて再び民主派の指導者になったのである。

その後のアスパシアの消息は消えたのだが、人が伝えるところによると、彼女はアテナイで死んでアテナイに葬られたという。

ヴァチカン博物館のヘルメス(13)の間には、アスパシアに属していたと伝えられている彼女の特徴を表わした人物像がある。さらに、ナポリ博物館には彼女の姿を彫ったレリーフがある。かたわらにソクラテスが付き添っている像であって、中央には小さなエロス像があり、アスパシアの言葉が浮き彫りされている。

ほかのヘタイラの話に進む前に、しばらくアルキビアデスの話をしよう。ペリクレスの親戚の野心家であり、アテナイだけでなくスパルタやペルシャの政治まで支配したこの男の話を。

プラトンは、アルキビアデスが頭に蔦とすみれの花で編んだ花冠をつけたまま、酔っ払って笛吹女に支えられながら、『饗宴《シュンポシオン》』(14)に入って行くところを描いている。

「恰好よかったねえ、アルキビアデス」。たくさんの女が後を追いかけていた。本当にアルキビアデスは素敵だった。彼はろれつが回らなくなる癖があって、それが一段と魅力的だった。彼は自分の美しさに大変気配りしていたので、友だちのように笛を吹かなかった。美しい顔を台なしにしてはいけないから、と言って。

アルキビアデスは大変富裕な家柄の出であるヒポニコスの娘ヒッパレテと結婚した。金が金を生んだのだ。妻は彼に我慢ができなくなって、家出をしたことがあった。アルキビアデスは彼女を見つけると、これ見よがしに手をつかんでアゴラ中を引っぱりまわし、それから再び家に連れ帰った。

彼は寄付したばかりでなく、自分のためにも大枚の金を使った。いつも紫貝で染めた大変高価な衣装を身にまとい、サンダルにはアルキビアデスの名前を新品の鋲で打ちこみ、また二輪戦車競走用の馬のために豪奢な厩舎を所有していた。闘鶏用の鶏も飼育していた。あるときなどは人びとの噂になるように、飼い犬の尾を切ったりしたこともあった。

ペリクレスはアルキビアデスをずいぶんと援助した。ペリクレスの後ろ盾があったおかげでアルキビアデスは名を挙げたのだ。このおかげでアルキビアデスは時代の、より輝かしい精神を知ることになったし、ソクラテスも彼を大変高く評価していた。アルキビアデスは男も愛したといわれている。

彼の女性関係があまり人の噂にならなかったのは本当だ。フェネクラテスは、アルキビアデスが男と関係を持ったと言っている。当初はそうでもなかったが、後になってからはあらゆる女の関心を集めるようになった。

彼には嫡出の子はいなかったようだ。アテナイがメロス島を攻略したときに、アルキビアデスは奴隷女との間に一子をもうけたといわれている。こんなことも伝わっている。すなわち、アルキビアデスがスパルタに追放されていたときに、ある日、スパルタ王が出陣中にアルキビアデスに惚れ込んだ王妃と寝た。彼がこうしたのは、自分と同じ名前の息子をもうけるというそれだけが目的だった。

スパルタに流刑された後、アルキビアデスはペルシャへ行った。フリュギアの地に追放されたのだ。このとき彼はコリントス生まれのヘタイラであるライスの母親で心の広いティマンドラが一緒だった。一説によると、ライスは彼自身の子だったらしい。

フリュギアでアルキビアデスはペルシャ王ファルナバゾスに殺された。ファルナバゾスは家に放火し、彼が家を飛び出してきたところを殺したのだった。ティマンドラはアルキビアデスの死体に自分の服を着せた。彼の衣服は焼けてしまったからだ。彼女は号泣した。それからなけなしの金をはたいて葬式を手厚く執り行った。アルキビアデスが五十歳のときのことである。

（1）ペロポネソス戦争の一年目に亡くなった兵士たちに捧げられたものである。

（2）四年に一度開かれた古代オリンピックの期間を一まとめにして一オリュンピアードと呼んだ。この時代区分は歴史上の出来事を記すのにも使われた。

（3）前五六五頃－五〇〇。アテナイの政治家。部族制を改革してアテナイ民主制の実質的基盤を整えた。

（4）前五世紀。音楽理論家。アテナイのソフィスト。諸種の音楽が与える倫理的効果についての理論を展開した。プラトンは彼の理論を『国家』の中で借用している。

（5）エレアの出身。前四九〇頃生。哲学者。「アキレウスはけっして亀に追いつくことはできない」という《アキレウスと亀》の議論で有名。

（6）前四五〇頃没。アテナイ帝国の創設者。アッティカの名門貴族フィライオス家の出身。アテナイ帝国が基盤を置いていた海軍の遠征を指揮した。

（7）ギリシャ語で「集住」を意味する。いくつかの共同体が寄り集まってポリスを作ること。アッティカ地方では英雄テセウスによって「集住」が一挙に行われ、アテナイというポリスができたのだとトゥキュディデスは伝えている。

（8）その年に収穫されたぶどうの実を足で踏んで仕込みをするときの祭。

（9）サモス島の反乱として知られる。紀元前四四〇年から四三九年、ミレトス人とサモス人との間に戦争が勃発し、ミレトスがアテナイに援軍を求めたので、アテナイは海軍を派遣し、海戦でサモスを打ち破った。

（10）紀元前四三一年から四〇四年にかけてアテナイがスパルタを盟主とするペロペネソス同盟軍と戦った戦争。この戦争で敗れたアテナイはその後、永久にその輝きを失ってしまう。

（11）アテネのアクロポリスの西に続く丘。殺人事件に関する裁判がここで行われた。

（12）母殺しの罪でオレステスを追及していたエリニュエス（復讐の女神たち）はアレイオス・パゴスにおける裁判で、アテナの裁定になだめられてオレステスの弾劾をやめたため、「恵みの女神」としてここに祀られるようになった。

（13）石に書かれたヘルメス神の顔。ヘルメス神の原型は道しるべに使われたただの石ころだったと言われる。その平たい石の表面にはヘルメス神の顔が彫ってあった。
(14) プラトンのもっとも著名な著作の一冊。

アスパシア＝ミュルト

有名なヘタイラ、アスパシアのほかに、彼女ほど有名ではなかったが、もう一人のヘタイラがいた。その名をアスパシア＝ミュルトという。出身はフォカイア〔小アジアのエーゲ海に面した海岸都市〕で、ヘルモティモスの娘で美しくて大変聡明だった。母親は彼女を生むと産褥で死んでしまった。だから幼年時代は孤児《みなしご》として貧しい生活をした。病気がちで、ときどき顔が腫れた。彼女の治療に当たった医者から多額の金を要求される。そんな大金はなかったから、彼女は治療も受けず、なんの希望もなく毎日腫れた顔を眺めて打ちひしがれていた。

ある夜のこと、彼女は夢の中で一羽の鳩がそのうちに人間の女の姿になって現れて、あなたはもうすぐ美人になって結婚することになるだろうから心配するには及ばない、と言った。朝、眼を覚ますと、驚いたことに彼女の顔はすっかり治っていたのである。

アスパシア＝ミュルトは大変幸運な女だった。彼女は或るとき、ダレイオスとパリュサティスの息子で、アルタクセルクセスの弟キュロスの宮殿にいたときのこと。キュロスは大勢の娘たちのうちから彼女を見つけて、大変心が動いた。彼女を知るにつれて、キュロスはますます彼女を愛するようになった。だが、キュロスは彼女のミュルトという名が気にくわなかったので、ミュルトをアスパシアに変えた。ほどなく、キュロスとこのアスパシアとの恋はイオニアとギリシャ中に知れ渡った。アスパシアは夢の中に現れて顔を治してくれたあの女がアフロディテ女神だと信じていたので、黄金のアフロディテ女神に宝石でできた鳩のついた像を注文した。

あるとき、若いほうのスコパス〔テッサリアの有力者〕がキュロスにテッサリアから素晴らしい高価な首飾りを送ってきた。キュロスはこの首飾りを、こんな首飾りは王妃か王女にふさわしいものだ、と言ってアスパシアに贈った。すると彼女はキュロスに対し、これはあなたのお母さんのパリュサティスにあげたほうがいいわ、と言った。キュロスはその首飾りを母親に贈りながら言った、これはアスパシアのすすめでお母さんにお贈りするものです、と。パリュサティスはアスパシアの行為にいたく感動して、お返しに贈物と多額の金を彼女に送った。ところが、これらをアスパシアは今度は庶民に配ったのだった。

キュロスがアルタクセルクセスとの戦いで死ぬと、アスパシアはアルタクセルクセスの手に渡った。アルタクセルクセスは彼女を賛美し、彼女のほうでも弟のキュロスを愛したのと同じように、アルタクセルクセスを愛することができた。

アルタクセルクセスの息子のダレイオスは王位に就くと、ダレイオスは父にアスパシアをください、と要望した。アルタクセルクセスは息子にアスパシアを与えたくはなかったので、彼女が結婚できないよう、女神アナヒタ(1)の巫女にしてしまった。

第二のヘタイラの話に進む前に、アルタクセルクセスについて少し話しておかなければならない。

アルタクセルクセスの宮殿にいた一人の宦官が死んだ。名をティリダテスといい、美男で有名だった。アルタクセルクセスはこの男を寵愛していたので、彼の死を大変悲しんだ。そこでアスパシアはアルタクセルクセスがティリダテスのことを忘れるまで、この男の衣装を纏うことを承諾したのだった！

（1）ペルシャの生命と豊饒の大地母神。

ライス

もう一人、有名なヘタイラで、その美しさゆえに際立っていたのがライスだった。彼女は大変頭がよく、機知に富んでいた。彼女はアスパシアと同時代のヘタイラであって、コリントス生まれだった。ライスという名前はだれもが知っていたため、「ラオス」（人びと）という語から出たという説があるが、私としてはたぶん、ライスはヘタイラを守護する動物で、セム語の「レアイナ」（牝ライオン）から出たものだと思う。

彼女は「斧《アクシネ》」とも呼ばれていた。値段の交渉にうるさかったし、客のえり好みもしたからだ。つまり彼女はだれとでも寝るというのではなかったのである。

コリントスにライスはいたのだが、ここで彼女は富と名声とを手を入れたため、アテナイ人がパルテノン神殿を自慢すると、コリントスには素晴らしいライスの大邸宅と庭園があるぞ、とコリントス人は負けずに言ったものだった。ライスの大邸宅と庭園は、雄弁や愛のアカデミーとなった。コリントスはライスの時代に大いなる繁栄を見た。たくさんの貴族や金持ちが彼女の魅力に惹き寄せられてコリントスを訪れたからだ。

彼女は老いるまで職業を続けた。年老いてからは、古びた顔を見ないですむようにアフロディテに自分の鏡を捧げてしまった。値段の交渉にはうるさかったのに、今では僅かな金で商売をするようになっていた。ひどい境遇で生活し、売春の仲介をする酔っ払いの遣り手婆になりさがっていた。フィレライトスは、ライスは心臓麻痺で死んだ、と言っている。つまり、性行為中に死んだのだ、と。ソフォクレスは、彼女はオリーブの種を喉に詰まらせて死んだのだ、と言っている。

ライスは生前しばしば人助けをしたことでも知られていたので、コリントス人たちは彼女の行為を記念して、クラネイオスの森の中の、たくさんの糸杉が並び、体育館のあるところに立派な墓を建てた。ここはアレクサンドロス大王がディオゲネスと出会った場所でもある。ディオゲネスの弟子たちが彼の死体を見つけてここに葬った。

ライスの墓の上には、大理石製の、爪で牡羊を捕まえた牝ライオンの像が置かれた。これは人間の強欲と好色とを象徴していた。以上はあの有名なライスなのだが、ほかにも二人のライスがいたから、彼女は例の「有名な」ライスと呼ばれている。

もう一人のライス

コリントスのライスのほかに、もう一人のライスがいた。彼女はティマンドラの娘だった。ティマンドラはアルキビアデスの愛人であって、アルキビアデスがペルシャのファルナバゾスにより殺されたとき、アルキビアデスを自分の衣装で覆い、手厚い葬礼を営んだあの女である。

この第二のライスはシケリアの都市ヒュッカラに生まれた。彼女がまだ幼いころ、彫刻家のスコパスがエギナ島に〝歓び〟のアフロディテの女神像を作った。これに因んで人びとはライスのことを「ダマサンドラ」(男の調教師)と呼んだ。彼女が愛人をよく仕込んだからである。

ニキアスがシケリア島の外国人居留地ヒュッカラを攻略し、彼らを捕虜にしたとき、その中にライスもいた。コリントスでは、彼女は或る男に買い取られた。彼女がまだ七歳のときのことであって、その男の妻に女奴隷として提供されたのだった。

また一説によると、ライスはシケリアで生まれたのだが、フィロクセノスが母親のティマンドラと一緒にコリントスに連れて行き、母親を僭主ディオニュシオスに贈ったのだという。

ライスはデモステネス[1]およびアペレス[2]の愛人だったと言われているが、これはあり得ないことだ。二人とも彼女より四十も年下なのだから。しかし、アペレスはすでに話した、コリントス第一のあのライスの愛人だった。

第二のライスは大枚の金をはたいたアリスティッポスの愛人となった。しかし、彼女はディオゲネスを金も取らずに家に引き入れていた。この惨めな男は文なしだったからだ。だれかがこのことをアリスティッポスに告げると、彼はこう言ったそうだ、俺は自分のために金を使っているんであって、他人を喜ばすためではないのだから、そんなことどうでもよい、と。

或るとき、ディオゲネスがアリスティッポスに向かって、あんたはたくさんの娼婦とつぎつぎに同棲しているではないか、と言いながら次のようにアドバイスをしたという。

「よそへ移るか、儂のように一つところに落ち着くか、どちらかにしたらどうか。」

するとアリスティッポスは「ノー」と答えて言うのだった。

「それじゃ、他人が住んでいた家に住むことはいけないことなのかい。また、ほかの人が旅をした船で旅をしてはいけないのかい。」

ディオゲネスが「そんなことはない」と答えると、アリスティッポスはやり返すのだった、

「じゃ、なぜ俺にかぎって俺より前に他の男と暮らしていた女と暮らすことが不都合だというのかい。」

アリスティッポスは、ライスが貧乏で汚らしいディオゲネスをどうして愛人にしておれるのか理解できなかった。金持ちのアリスティッポスは彼女の家の前で、自分が中にはいれるまで、ディオゲネスが出てくるのを今か今かと何度待ったか知れない。多くのヘタイラたちはディオゲネスの機知や皮肉な言葉、どんな快楽も笑い飛ばしてしまうその態度に惚れ込んだのである。

他方、アリスティッポスのどこが良いというのか？　その彼はいつも紫色の衣をまとい、香水を振りかけ、花冠をかぶり、酔っ払いのようにふらふらと歩いていた。彼は料理ができ、おいしいお菓子を作ることもできた。彼は大変な女好きだったので、あるとき、ディオニュシオスが三人のヘタイラを彼のところに連れてきて一人を選ぶように言うと、彼は三人とも連れて行ってしまった!!

また或るとき、ライスはきみなんか愛してはいないよ、と人から言われると、彼は例によって即座にこう言うのだった。

「俺が飲むワインや楽しんで食べる魚が俺を愛してくれているかどうかは関係ないのさ。それでも

俺はワインも飲むし、魚もおいしく食べているのだぞ。」

彼はライスについても、「俺が彼女を所有しているのであって、彼女が俺を所有しているわけではない」、と言っていた。概して彼は、人間の幸せは愛するものを物質に見出すことと、不幸を避ける行動をすることにある、と信じていたのである。差し当たってはディオゲネスに楽しんでもらおう。

ライスはディオゲネスを崇拝していたのだが、ほかのヘタイラたちは彼をそれほどよくは思っていなかった。というのは、ディオゲネスが人は自分の欲情をコントロールしなければならないと教えるものだから、彼女たちの「マーケットが台なしにされてしまう」と思っていたからだ。

ディオゲネスはコリントスにいるときに、ライスの友人になった。コリントスでは彼女への賛美者たちはディオゲネスの主張をライスがはたして我慢しているのか、それとも敬っているのか、疑問に思っていたのである。

あるとき、両替商のメリスがディオゲネスに対して、ライスと寝てみてはどうか、べつに嫌われることもないだろうから、とけしかけたことがあった。すると、ディオゲネスはメリスに、儂はライスの体を賛美しているのではない、儂が感心しているのは彼女の心映えなのじゃよ、と答えた。肉体は歳月がいつかは滅ぼしてしまうものじゃが、精神は命果つるまで輝いているものじゃて。こう言いながら、ディオゲネスは手にしていたランタンを手で消した。すると闇が降りて、あたりは真っ暗になった。そこでメリスに向かい、暗闇の中では女はみな同じじゃよ、と言うのだった。

「儂らの女は暗闇の中では同じだというのに、どうして一人のヘタイラにだけ高い料金を支払わねばならないのかい?」

ディオゲネスは素焼きの大きな甕の中に住んでいて、唯一の財産は必要最小限のものだけだった。彼はベルトに青銅のコップを吊るしていて、それでワインや水を飲んでいた。ある日、一人の子供が泉の水を両手ですくって飲んでいるのを見ると、ディオゲネスは持っていたコップを、もうこんなものはいらないわい、と言って捨ててしまった。

ディオゲネスはプラトンの考えには反対だった。あるとき、プラトンがシュラクサイの僭主ディオニュシオスに招かれてシケリアに行き、僭主から好意を受けて意気揚々と戻ってきたとき、ディオゲネスが野菜を洗っているのを見てこう言った、

「あんたもディオニュシオスのところに行ったら菜っ葉を洗って食べる必要なんかないのに」と。

するとディオゲネスはプラトンに言い返すのだった、

「もしあんたが菜っ葉を洗っている儂を見てかわいそうだと思うのなら、儂も僭主に面倒を見てもらったあんたがかわいそうにと思うよ。お前さんのほうが儂よりひどいもんだからなあ。だってお前さんが菜っ葉の洗い方を知っていたら、ディオニュシオスのところへ行く必要もなかったんじゃろうが。」

ディオゲネスとアレクサンドロス大王とのやりとりも有名だ。大王が、なぜ大甕を住居に選んだのか、と訊くと、ディオゲネスは答えるのだった、行きたいところに持ち運びのできる家をほかに知らないのでねえ、と。

またあるとき、アレクサンドロスが何か贈物がほしいか、と訊くと、ディオゲネスは大王のおかげで日陰になってしまったのでわきに寄りながら、

「あんたが儂に与えることができないものを儂から採り上げないでおくれ。」

アレクサンドロスは、もし自分がアレクサンドロスでないとしたらディオゲネスになりたいものだ、と言ったらしい。

ディオゲネスが真昼間に人間を探すんだ、と言って持ち歩いていたランタンの話も有名だ。このランタンは友人で、腕のいい鍛冶屋のエウテュブロスが彼に作ってやったものだった。

さて、ディオゲネスはなぜコリントスにいたのだろう。彼は数日間アイギナ〔今日のエギナ島〕に出かけた。もちろん、自分の住みかを持っていくことはしなかった。そこに長居するわけではなかったからだ。

サロニカ湾の外海で海賊の親玉のスカロパロスがディオゲネスの乗っていた船を略奪し、乗っていた人びとをクレタ島で奴隷として売った。そのときコリントス生まれの貴族クセニアデスがディオゲネスを買った。クセニアデスはディオゲネスと知って自分の子供たちの家庭教師に選んだのである。ライスがクセニアデスに、ディオゲネスを買うのにいくらしたのか訊くと、クセニアデスはライスに対し、自分がディオゲネスを買ったのではなく、ディオゲネスが自分を買ったのだよ、と答えた。

また或るとき、クセニアデスがディオゲネスを呼んで、あんたに自由を贈って進ぜよう、と告げると、ディオゲネスはクセニアデスに言うのだった、

「あんたは自分のものでもないものを贈物にしようというのかい。儂はいつだって自由の身だと思っているんだがね。」

ディオゲネスの話を終える前に、死についての彼の考えをあんたに話しておきたいの、とシノペは

私に言うのだった。死とは恐ろしいものだ、と言った人に対して、ディオゲネスは答えた。どうして死が恐ろしいものだと言えるのかい。死が儂らを迎えにきたときには、儂らはもうこの世からおさらばした後じゃないのかい。だからさ、儂らは死を見ることも感じることもできはしないのじゃよ、と。

ディオゲネスは何でもよく噛んで食べていた。味がなにも分からなくなるまで噛んだ。クセニアデスが彼によく噛みなさい、でも、もっとやさしく噛むようにしなさい、と忠告した。彼は九十歳近くになってから死んだ。生たこを食べたのが当たって死んだ、と言われているが、これは正しくない。本当は窒息するまで息を止めたからだった。彼は自分の死体は埋葬しないで、森の動物に食わせてくれ、と頼んでいた。彼の墓の上にはパロス産の大理石で造った柱が一本建てられ、その上には犬の像が置かれた。死んでいるのが見つかった。コリントスのクラネイオの杜のオリーブの木の下で彼が

ライスの話がほったらかしになってしまった。さて、デモステネスがライスに行為をせまると、彼女は大枚を要求したということだ。そこでデモステネスはこう答えた、

「そんな大金をはたいてまでしてわが身の後悔を買うことはできない。」

また、こんなこともあった。ライスはキュレネの選手エウボタスを愛したことがあった。それで彼と結婚して今の仕事は止めると彼に約束した。するとエウボタスは、彼女に対して競技会で勝ったらお前を自分の生まれ故郷のキュレネに連れて帰るよ、と言った。ところが、競技会が行われてエウボタスが勝つと、彼はライスの狡猾さを恐れたため、彼女を連れて行くことをやめて、その代わりに前から注文しておいた彼女の肖像画を持って帰ったのだった。

こうして彼は約束を守ったわけだ。エウボタスの妻は夫の分別に敬意を表して、キュレネに夫の大

きな彫像を建てた。

ライスの結末は悲劇だった。ヒッポストラトスまたはヒッポロコスなる者が彼女を愛し、テッサリアへ連れて行った。

ある祝祭のとき、アフロディテ神殿でライスは女たちに殺されたのだ。彼女の美しさを妬み、彼女たちの夫が彼女を褒め称えたからだった。彼女の遺体はペネイオス川のほとりに葬られた。言い伝えでは、ヒュッカラ生まれのティマイオスが彼女のために記念碑を建て、その頂上に石で作った水差しを載せた、という。

ティマイオスはこの記念碑の上には、次のような碑銘が刻んであったと伝えている、

「誇り高く敗北を知らないギリシャもライスの美しさには屈した。エロス[3]が彼女を生み育てた。今は光輝くテッサリアの野に眠っている。」

(1)(前三八四‐三二二)　アテナイの弁論家。古代において「アッティカ十大弁論家」のうち最大の人物だとされた。

(2)画家。前三四〇頃‐三〇〇に活動。ギリシャ人画家全体のうちで最も高名であり、非常に称賛された。

(3)アフロディテの息子とされる。エロスの持つ黄金の矢で射られると恋心が湧き、鉛の矢で射られると嫌悪の情をかき立てられた。

三番目のライス

もう一人、三番目のライスの話も伝わっている。彼女は前の二者より後代の人で、フリュネと同時代人だった。第一のライスと同じく、彼女もコリントスに生まれた。彼女は美貌のうえ大変素晴らしい肉体の持ち主だったから、画家や彫刻家はたびたび彼女を不死なる神のように描いた。

画家のアペレスは彼女がヘタイラになる前から称賛していた。アリスタイネトスは『フィロカロ』（善美）という作品の中で、彼女の美貌を賛美した。彼は手紙の中でも次のように書いている、「彼女の唇は薄く左右対称で、鼻すじがまっすぐとおり、目はぱっちりと大きく、髪はヒヤシンスの花に似ており、胸元には白い石で作られた首飾りを垂らし、その首飾りには彼女の名前が彫ってあった。体つきは華奢で、彼女を抱くと身体はしなやかにまがり、胸はテュニカの中ではちきれんばかりだった」と。

ライスは十五歳のときに、水甕をもってコリントスの郊外に水汲みに行ったとのことだ。そこで画家のアペレスと出会った。彼は馬の絵を描いていて、馬が口から泡を吹くところを絵にしたかったのだが、これはさすがのアペレスにも難題だった。アペレスは腹を立てて、馬の身体をふくスポンジを馬に投げつけた。するとそのスポンジが馬の口に当たって馬が泡を吹いた。このありさまをじっと見ていたライスは大声で叫んだ、「なんてすてきな泡だこと！」

それ以後、二人は相思相愛の仲になったのだった。

ヒュペレイデスは、ライスがコリントスにいてまだ幼かったころ、「メランダ」（黒いマドンナの木

彫）としてコリントス人が崇めていたアフロディテの夢を見たのだと言う。夢の中で、アフロディテはライスに言告《ことつ》げた、

「金持ちの愛人が大勢おまえのところに押し寄せてくるだろう」と。

実際、大勢の金持ちや知的な男たちが大勢押し寄せてきて彼女を賛美した。そのため、彼女は大変な金持ちになった。彼女も第一のライスと同じようにコリントスで死んだ。

フリュネ

上述したように、いちばん若いライスと同時期にはヘタイラのフリュネもいた。この彼女とプラクシテレス(1)との恋愛は裁判で有名になった。彼女の実名はムネサレテで、徳を思いださせてくれる女という意味である。しかし、人びとは彼女の名前を変えてしまった。というのも、顔色が悪くて、フリュネ、つまり蛙の色に似ていたからだ。その後、蛙はみだらなものと考えられるようになったが、これも彼女が小さいときから、エロティシズムを発揮させていたからである。

フリュネはボイオティアの、テバイからデルフォイに通じる街道から少しばかり離れたところに位置するテスピアイに生まれた。テスピアイではエロスが崇拝されていた。

フリュネは極貧のエピクレスの娘だった。エピクレスは自分で娘をエロス神殿で四年ごとに行われる三日間の祭に連れて行った。

あるとき、テバイがテスピアイを攻め、征服した。テバイはほかの子供たちと一緒に、フリュネも連れ去った。ところが、彼女は見張り番の目をかすめてうまく脱出し、アテナイにやってきた。彼女

が八歳のときだった。

アテナイに着いた初日に、早くも彼女はアゴラ（市場）に行き、アフロディテ神殿を訪れた。アテナイではパンフィラと知り合い、彼女と二年間同居した。その後パンフィラと別れてからは、アゴラでケッパー[2]を売って一人で暮らした。というのも、幼いころ母親が彼女をよくテスピアイのアゴラで香料売りをやらせていたからだ。

当時、彼女はグリュケラと友だちだったが、グリュケラもテバイ人によって捕虜になった。その後、ニカルコスの子アリスティデスを知る。そして、さらにカリオンを知り、彼からは香水の作り方を教わった。それから、パンフィラはフリュネを信頼してミストラにあずけることとなる。ミストラは彼女にヘタイラになるためのイニシエーションを施した。つまり、彼女が女になる手助けをしたのだが、これは男を相手にしてではなく、アフロディテ神殿で、油を塗った人工ペニスを使って行ったのである。ミストラが彼女の名前をムネサレテからフリュネに変えたのも、このときだった。

アテナイでは、彼女は美貌と心映えで知られるようになった。ヘロディコスは彼女を「テスピケ」（テスピアイ人）と呼んだ。もう一人フリュネがいたので、こちらは「ヤストス」（セストス人）[3]と呼んで、二人のフリュネを区別した。こちらのほうは愛人たちの金を全部まきあげていたからだ。

私たちが話題にしてきたフリュネは「クラウシゲロ」とも呼ばれた。笑っていたかと思うとすぐに泣き出したからだ。もう一人は「サルペディオ」と呼ばれていたが、それは彼女の口がポンドス地方の魚によく似ていたからである。

デモステネスは彼女が他のヘタイラたちとは違っていたので、好感をもち、彼女には寛大に、称賛の言葉を捧げていた。こうして、彼女はヘタイラ全員のうちもっとも高名になったのである。

二十歳のときには、フリュネはアテナイでいちばんの富裕なヘタイラだった。彼女はプラトンの家の近く、コリュトス地区に住んでいた。プラクシテレス、アペレス、ヒュペレイデス[4]、クセノクラテス[5]といった、この時代の有名人の友だちだった。フリュネは値の張るヘタイラだったし、金のない愛人は一人も持たなかった。もっとも有名な愛人は、彫刻家のプラクシテレスだった。

プラクシテレスとはグリュケラを通じて知り合った。グリュケラは前にも書いたとおり、テバイ人によって捕虜となったあのグリュケラのことであって、アテナイで再会してから彼女の無二の親友になった。

二人ともヘタイラとして働いた。実のところ、グリュケラはリュシアスの友人だったのだが、このリュシアスをほったらかして金持ちの商人のところへ去ってしまう。プラクシテレスとフリュネは二人ともトリポドン通りを歩くのが好きだった。この通りには青銅の三脚台とたくさんの彫刻の作品群があった。この道を通る人たちは散歩しながら、彫刻家が展示していた出来上がったばかりの新しい彫像を探し出すのが好きだった。

プラクシテレスはトリポドン通りでワインを振る舞う青銅のサテュロス像[6]一体とアポロンの裸像を一体、展示していた。こうして、彼はフリュネと知り合ったのだ。プラクシテレスは彼女の美しさに感動し、アクロポリスの東麓にある自分の工房を訪ねるように言った。彼がフリュネにモデルになってくれ、と頼んだことはいうまでもない。プラクシテレスは彼女のうちに、アフロディテ女神を見ていたのだ。

物語はエレウシスで或る日、つまりエレウシノス〔穀物の女神デメテル〕とポセイドンの祭日に、つまりアンテステリオン〔アッティカ暦の第八月。現在の二、三月に相当〕の第一日に始まる。その日は大勢の人で賑わっていた。そこにアペレスと連れ立ったプラクシテレスの姿があった。祭が最高潮に達したとき、これまで豊かな髪を梳ることもなく、美しい裸身をさらしたこともないフリュネが衣装を投げ捨て、髪をほどいて、一糸まとわずに海に飛び込んだ。美しい女神を目の当たりにした大勢の人びとの感動は、たちまち神への崇拝心へと変じてしまった。

この瞬間に、プラクシテレスとアペレスは霊感に打たれ、プラクシテレスはアフロディテ像を彫り、アペレスは波間から生まれる『アフロディテ』を描くことを思い立ったといわれる。また他の人たちは、プラクシテレスが当時エレウシスにあった『クニドスのアフロディテ』によって霊感を吹き込まれたのではなくて、彼がフリュネと知り合った後のことだった、と語っている。

プラクシテレスはこの女神像をパロス島の大理石を使って彫り、その後アテナイの画家ニキアスがこの像に顔料をほどこした。この像をクニドスに送る前に、プラクシテレスはトリポドン通りで展示した。そこは彼が初めてフリュネに出会った場所でもあったからなのだが、この像を展示したことにより、彼は数多くのフリュネの崇拝者を得ることになった。(7)

プラクシテレスとフリュネとの愛はとても強いものだった。フリュネはプラクシテレスとだけはセックスを感じられる、と告白している。しかし、別れるのも早かった。彼女はたくさん金がもらえて、みんなからも羨ましがられるヘタイラ稼業に専念したかったからだ。

ヘタイラのミュリナはフリュネを大変妬んでいた。彼女はフリュネがけちで、貪欲で守銭奴だ、と非難した。また、彼女のことを「カリュブディス」〔メッシーナ海峡の渦巻〕とも言った。男たちの財布を破滅させたからだ。さらに、彼女がベッドで冷たい女だから、というので「キオナテ」（雪女）とも呼んだりした。

この二人の女はたがいにひどく妬みあっていたため、ミュリナはフリュネを不実な女だと批判していた性悪の弁論家エウティアスと寝たのだった。

アフロディテ神像をプラクシテレスはクニドス人に売り払った。このため『クニドスのアフロディテ』と名づけられた。クニドス人はこの像を神殿に奉納したのだが、この神殿は実はこの神像だけを安置するために森の中に建立されたものだった。

クニドスのアフロディテはすばらしい彫像だった。プラクシテレスの彫ったこの女神像は高さもほどほどで、均整がとれた一糸まとわぬ裸像だった。片手は女神の陰部を隠し、もう一方の手は水甕の上に投げかけられた衣装の上に置いている。しかも楽しげなまなざしで、かすかに笑みを浮かばせながら、今まさに髪を洗おうとしている。

ビュテニア〔黒海に面したヘレスポントスの近くの都市国家〕の王ニコメデスがこの像を買おうと多額の金を用意したとき、クニドス人は借金があって、その像を売れば共同体の借金を返済できたにもかかわらず、このアフロディテ像を売ることを頑として拒否した。

この女神像は五世紀の初頭まではクニドスにあったのだが、テオドシウスがクニドスからコンスタンティノープルに持ち去って、当地の博物館に安置した。像はその後、火災で破壊されてしまったという。神像のレプリカがクニドスのローマ時代のコインに再現されている。神像のトルソはヴァチカン博物館に、頭部はベルリン博物館に収蔵されている。

パリのルーブルにある『ミロのアフロディテ（ビーナス）』のことを言うと、これはプラクシテレスのもう一つの作品で、これまたフリュネから霊感を得て彫られたものなのである。これはクニドスのアフロディテとは似ていない。こちらは全裸ではなく、下半身に布が巻かれており、頭部は右向きである。

哲学教師アダマンティオス・アダマンティウによると、ミロス島の農民バルバ・ヨルゲス・ケントロタス、またはボスタニスがミロのビーナスを発見したのは、一八二〇年四月初頭、彼が畑を耕していたときのことで、場所は海辺近くのクリマ村だった、とのことである。

バルバはその像を家畜小屋に運んだのだが、同月十六日に、ミロス島に駐屯していたフランス海軍のところにこれを持ち込んだ。アテネは当時、トルコの支配下にあった。フランス人はパパ・ベルギスをケントロタスのところに遣わし、この像を買い取ろうとしたが、ケントロタスはベルギスに売ろうとはしなかった。後になって、子爵のマルケロスが持ち去ってしまったようなものだと言えよう。パパ・ベルギスとケントロタスの両者に金を支払って、この像をパリに持ち去ってしまったのだから。

『海の泡から現われるアフロディテ』なる絵についても、それなりの物語がある。

エレウシスでプラクシテレスと一緒にいたとき、アペレスもフリュネが波間からはい上がってくるのを見た。彼はそのとき、まだほんの十三歳だった。アペレスは彼女の美しさにすっかり見とれてしまい、彼女を絵にしたいと思った。アペレスが、あなたの友人になりたい、と言うと、フリュネはアペレスに、もう七年したら二十歳になるから、そうしたら私を訪ねてきなさい、と言った。それでアペレスはそのときまでじっと待ってから彼女を描き、そして彼女の恋人になった。この頃、プラクシテレスは五十歳で死んだ。彼がイオニアにいたとき恐ろしい病に冒され、アテナイに帰ってくる途中、船がスニオン岬に着いたとき息を引きとったのだった。

アペレスの『海の泡から現われるアフロディテ』はコス島の人が買い取り、コス島のアスクレピオス神殿に飾った。コス島の人たちはアフロディテの絵をクニドス人がしたようにはしなかった。彼らはこの絵をカエサル・オクタウィアヌス・アウグストゥス(8)に売り払ったのだ。それというのも、アウグストゥスが島人に対して(彼らがアウグストゥスに借りていた)百タラントのお金を提供したからだ。

アウグストゥスはこの絵をローマに持ちかえり、ローマ人が神として崇めていたユリウス・カエサル神殿に飾った。アペレスの絵は描かれてから四百年も経っていたので、色が褪せてしまっていた。それで、ネロはドロセオスにレプリカを作るように命じた。今日ヴァチカンで見られるのはアペレスのアフロディテを復元したものであって、ドロセオスの手になるものなのだ。

アペレスはアレクサンドロス大王つきの画家でもあった。大王は彼を寵愛した。或るとき、アペレスが大王の騎馬像を描いた。ところが、大王はご機嫌ななめだった。大王はアペレスを呼んでこう言った、「この絵に描かれている私自身の姿も気に入らないが、お前の腕も気にいらん」。

すると、アペレスはアレクサンドロスの馬を絵の前に連れてきた。馬は絵を見たとたん、喜びのあまりヒヒーンといななき、はね上がった。すると、アレクサンドロスはアペレスのほうに振り向いて言ったのだった、

「アペレスはちかごろ馬ばかり描いているようだな。」アペレスは大王に答えて言った、「大王よ、あなたが正しいか、馬のほうが絵をよく分かっているかのどちらかです」。

アレクサンドロスはこの答えにひどく喜び、最愛の妾のパンガスペをアペレスに与えた。それで、彼は彼女を妻にしたのだった。

話をフリュネに戻すとしよう。或るとき、フリュネはプラクシテレスがどの神像をより大切にしているのかを知ろうとして、彼にいたずらをしたことがあった。彼女は或る奴隷に、プラクシテレスの工房から火が出てたくさんの作品が燃えている、と大声で叫ばせた。すると、プラクシテレスが驚いて叫んだ、

「エロスもサテュロスも燃えているのか。」

フリュネはこれにより、プラクシテレスにとってもっとも大切な作品がどれなのかが分かった。それで彼に、『エロス』をくださいな、と頼んだ。彼は求めに応じて、これをテスピアイの彼女の故郷に贈物として送ったのであり、『サテュロス』のほうはトリポドン通りに飾ったのである。

上述のように、フリュネはその仕事がら大変な金持ちだった。「男は金よ」が彼女の口ぐせだった。そうは言っても、一方では人に金をあげるのを好んだのだった。

アレクサンドロスがテバイの城壁を破壊したとき、フリュネは次のような条件で城壁を再建したいと申し出た。すなわち、「アレクサンドロスが破壊し、ヘタイラのフリュネがこれを再建した」と城壁に刻むという条件で。

カリストラテスによると、テバイ人はこの申し出を受け入れなかった、とのことだ。フリュネの美しさの前では、哲学者のクセノクラテスを除き、みな脱帽した。ディオゲネス・ラエルティオスは、ある晩、フリュネが妖しいまでに装いを凝らしてクセノクラテスが寝ている時間に彼の家に出かけた、と言う。彼が眼を覚まして彼女に気がつくと、用事はなにか、と訊いた。すると彼女は、悪い男に追いかけられているのでかくまって欲しい、と答えた。クセノクラテスは彼女が彼の部屋で、ただし別のベッドで寝ることを許した。

夜になって、フリュネはクセノクラテスとセックスしようと近づいたが、クセノクラテスは誘惑には乗らなかった。翌日、クセノクラテスの家に泊まった夜どう過ごしたのか、と訊かれると、彼女はこう答えたという、「男の家からではなく、男の像のところから帰ってきたのよ」。

マコナスによると、あるときモイリコスがフリュネにセックスを迫ったところ、彼女は大金を要求した、と言う。モイリコスが、近頃きみは異国の男と寝ても、この半額しか受け取らなかったじゃないか、と抗議すると、彼女は彼に言うのだった、「私がオルガスムスに達するまで待ってくれれば半額でいいわ」。

フリュネは自らの裁判をねたにして『物語』を書いた。それによると、すべてを企んだのはエウティアスだった。エウティアスはフリュネをものにしようとして失敗したのがもとで裁判を起こした。すると、彼女は裁判で、彼は家の主人だし、幼い子どもを抱えているから、出て行ってもらったのです、と証言した。なおもエウティアスは彼女に求婚して、彼女に言うのだった。自分は二万アッティカドラクマを持っていて、このお金は二人で豊かに暮らせるよう縁の下の箱に詰めて、土の中に隠してある、と。そして、彼女にそれを見せて言った、これで金持ちとして暮らせるぞ、と。

エウティアスは彼女に断られたのを根に持って復讐しようとした。彼は次のように言って、彼女を告発したのだった。

フリュネはアテナイの経済を破壊した、フリュネは堕落している、彼女はプラクシテレスがでっち上げた偽りの宗教儀礼でアフロディテの役割を演じた、しかも、彼女はエレウシスのポセイドン神殿に裸で現われたし、そのため祭礼のパレードをしていた巡礼の人びとは彼女を見ようとして、算を乱して海辺に殺到するに至った。こういうことは「神をも恐れぬ」所業なのだから罰せられなければならない、と。

「フリュネは神々を敬わなかった。彼女はポリスの聖域を侮辱した。」

鬼の首を取ったかのようなこの言い方は、実はフェイディアスにも向けられたものだった。曰く、「フェイディアスは間違っている。彼は神を冒瀆し、ポリスを汚した」。

ソクラテスに対してもアテナイ人は同じ罰を加えた。

「ソクラテスはポリスをないがしろにし、神に対し不敬な態度をとった。」

グラウキッポスの子で、プラトン、イソクラテス、リュクルゴスの弟子だったヒュペレイデスがフリュネの弁護を引き受けた。当初人びとはデモステネスに彼女の弁護を依頼したのだが、彼はマケドニアのフィリッポスの件で忙しかった。しかし、娼婦のバッキスを介してフリュネにヒュペレイデスを紹介したのは、デモステネス自身だったのである。

バッキスはパンフィラの弟子で、パンフィラはフリュネの友人だった。ヒュペレイデスは大胆で、かつ頭がよく、非常に優秀な弁論家だったうえ、女たちを愛した人でもあった。彼には三人の娼婦がいた。アリスタゴラとミュリネとフィリアだった。裁判が始まる前に、彼はフリュネも愛人にしたと言われている。彼女のほうから彼に愛の告白をしたからだ。かつてヒュペレイデスがコリントスに行ってライスと寝たときは、フリュネは嫉妬で気が狂いそうになったことがあったのだ。

一方、エウティアスのほうはというと、フリュネの弾劾文をアレクサンドロス大王の教師アナクシメネスに依頼した。

原告側の証人はイエロファンテス・リュサンドロスと神官長のイノであり、被告側の証人はプラクシテレスとアペレスだった。法廷での弾劾の論証は核心を突いていて、裁判官たちも傍聴人も心を揺さぶらされた。

そのとき、フリュネはあやうく有罪判決を受けるところだったのだが、ヒュペレイデスが発言したのだ。皮肉な笑いを浮かべ、滔々と流れるようにみごとな弁論で被告の弁護を開始する。エイティアスが個人的にフリュネを知っていること、フリュネが彼の愛人だったことを告発したうえで、彼女は不敬な行為などできる人物ではない、さらにエウティアスはフリュネにセックスを迫ってはねつけられたため、フリュネ弾劾をでっちあげたのだ、と証言した。

ヒュペレイデスはそれでもこの論証では裁判官たちを説得できないと思ったので、証言の方法を変えた。フリュネをヘタイラ一個人として裁くのではなく、アフロディテの巫女として裁くべきだ。巫女を裁いてはたして女神の怒りを招かずにいられれようか。以上のように述べて、被告を弁護したのだった。

彼のこの論駁は効果的だった。裁判官たちは考えを変え始めた。今こそ思い切った行動に出ることが弁論を有利に導くことになる、とヒュペレイデスは判断した。そこで、フリュネを法廷の真ん中に連れ出した。この裁判をずっと見守っていた人びとにフリュネを見せるためだった。

ヒュペレイデスは彼女の服をはぎ取って、彼女の素晴らしい身体を見せたのである。ヘルミッポスによると、裁判官たちは感動したばかりか、畏怖の念を抱いた、とのことだ。どうしてアフロディテ女神の巫女にあえて有罪判決を宣したりできようぞ。彼女は無罪となった。この件以来、彼女はますます有名になった。この裁判の当日、プラトンが亡くなった。

娼婦という娼婦はみなヒュペレイデスの勝利を祝った。バッキスは彼に手紙を書いた。

「フリュネも私もヘタイラ全員もあなたに借りができたわね。エウティアスの告発がたとえフリュネだけを目標としていたとしても、私たち全員が危うかった。私はあなたがあらゆる富を手に入れ、それに裁判で語ったことを書き残すことを望んでいるわ。私たち娼婦はみんなあなたの希望する町に、あなたの黄金の像を建ててあげます。」

しかし、バッキスはヒュペレイデスに手紙を書いただけではなく、フリュネにも書いたのだった。要旨は次のようなものだった。

「あんたが自分で播いた種で危険な目に遭ったことを、私はそれほど気の毒とは思わなかったわ。それより、あんたの愛人のヒュペレイデスによってあんたが助けられたことのほうが嬉しかった。この裁判であんたはギリシャ中で有名になった。嫉妬深いエウティアスはあんたを失うという罰を受けることになったわね。でも、エウティアスは裁判を自慢しているヒュペレイデスよりもずっとあんたを愛しているわよ。エウティアスはあんたに黄金を提供させておくれ、と言うだろうね。あんたはヘタイラ全員のためにも威厳を失ってはいけない。ヒュペレイデスに対して無関心な態度を取ってはいけないけど、あんたが裸を見せなかったら有罪になっていただろうと言っている人の言葉を真に受けることもないのよ。」

バッキスはフリュネを告発したエウティアスに好感を抱いたことがなかった。だから、エウティアスと同棲していた友人のミュリネに手紙を書いて、あんたはまちがった選択をしたんだし、エウティアスを信じてはいけないよ、と忠告してやったりした。けれども、ミュリネは自分に見向きもしてくれないヒュペレイデスにやきもちを焼かせようとして、エウティアスと寝たのだった。

フリュネは年取るまで生業をやってから、アテナイで死んだ。人びとは彼女のために金箔の像を造り、デルフォイに奉納した。この像はスパルタ王アルキダモスの像とマケドニア王フィリッポスの像との間に置かれた。彼女はそれほどの価値があったのだ。アテナイオスによると、彼女の像はアンフィクティオニア（隣保同盟）[9]に属する諸都市からなる代表団がプラクシテレスに注文して造らせたものだが、正確には像ではなくて、ペンテリコン山の大理石に黄金を模して彫ったものだったらしい。

犬儒派の哲学者クラテスはこのことについて、「これはヘラス人（ギリシャ人）の自制心のない奉納癖で造られたものだ」、と語っている。

（1）彫刻家。前三七〇頃－三三〇活動。もっとも偉大で、もっとも大きな影響を及ぼしたギリシャ人彫刻家の一人。

（2）植物。地中海沿岸で産するセイヨウフウチョウボク。
（3）ヘレスポントスに面したトラキアの町。
（4）（前三九〇－三二二）　アッティカの十大弁論家。イソノクラテスとプラトン双方の弟子。多くの政治裁判で告発者として活躍した。
（5）（前三九五頃－三一四頃）　哲学者。プラトンのアカデメイアで学び、生涯の大半をアテナイで過ごした。アカデメイアの第三代学頭になった。
（6）山羊の足と角を持った山野の精。パンの子孫で、ディオニュソスの従者。
（7）小アジアのカリアの町。
（8）ローマ初代の皇帝。カエサルの後を継ぎ、「ローマの平和」（パックス・ロマーナ）を実現した。
（9）ポリス相互の団結のために作られた組織で複数のポリスが関与する国際聖域。デルフォイのアンフィクティオニア同盟がもっとも有名だった。

バッキス

バッキスはもっとも洗練された、心根のやさしいヘタイラのひとりだった。彼女はサモス島の出身だった。彼女についてはメガラが手紙を書いているのだが、どうして彼女が笛吹女のパーティには行かないで愛人のアルキフロンといるほうを好んだかというと、彼女がもっともすぐれた教育を受けていて、人柄も素晴らしかったということのほかに、愛人たちに誠を尽くしたからだった。

或るとき、バッキスはコロフォニオスと付き合ったことがある。当時、こんな話があったと言われている。

コロフォニオスはバッキスと付き合っていながら、プラゴナというミレトス出身の美しいヘタイラを愛するようになっていた。プラゴナはバッキスがどれほど美しいかを知っていたので、自分をやきもきさせるコロフォニオスの気持ちを変えようとして、本当に私を愛しているのならバッキスのネックレスを私への贈物として持ってきてちょうだいな、と彼に頼んだ。

コロフォニオスはこのプラゴナの言葉を彼女に伝えた。そして、私をかわいそうだと思うのなら、きみのネックレスを俺にくれないか、とバッキスに頼んだ。彼女はプラゴナに対するコロフォニオスの愛をよく理解していたので、彼に首飾りを差し出した。プラゴナはバッキスのこの行為に感動して、彼女にやきもちをやくどころか、彼女に直接会い、コロフォニオスを二人で一緒に愛することにした。このようなことがあったために、イオニア人はプラゴナを「パシフィラン」（博愛者）と呼んだのである。

バッキスは若死にした。彼女の最後の愛人だった煽動家で弁論家のメネクレイデスは、彼女が彼を愛したその日からずっと彼に対して操をたてた、と言っている。実際、彼女が死んだとき、メネクレイデスは悲しみを紛らわす術もなくて、友人のエウテュクレアスにこんな手紙を書いた、

「友よ、私のいとしいバッキスは死んでしまった。私は決して彼女を忘れることはないだろう。ヘタイラたちはみんなでアフロディテの聖域に彼女の絵を飾るという借りができた。というのも、ヘタイラはずるがしこく、誠意がなく、金を取るだけだ、とみんなに言われているのに、バッキスときたら、それがヘタイラに対するあらぬ中傷だということを証明したからだ。シリア生まれのメディオスが彼女と知り合い、自分は大金持ちだから、自分と一緒なら一生贅沢三昧できるからきてくれ、と言った。でも、彼女は私といっしょになって夜は毛の服にくるまって寝るだけの、金はないが愛のある生

活のほうを選んだ。私は彼女と一緒に死ぬべきだったのに、こうして戻ってきて友と一緒に食べたり、語ったりしている。私は嘆き悲しみ、彼女にやさしく語りかけてやりたい。彼女への思い出しか残ってはいないのだからね。」

グリュケラ

グリュケラはテスピアイ生まれで、フリュネの友人だった。アレクサンドロス大王の財産をかすめ取ったアルパロスの愛人だった。

アルパロスはヘタイラのピュティオニケと同棲していた。ピュティオニケが死ぬと、同じヘタイラでタラシスの娘グリュケラを愛人にした。アレクサンドロス大王はアルパロスをバビロニアの総督に任命した。アルパロスは任地にグリュケラを連れて行って、そこで彼を信頼していたアレクサンドロス大王の富を使い込んだ。

アルパロスは大変グリュケラを愛していたので、バビロニアの王になったときに、グリュケラを王妃にしてくれるように頼んだ。二人は住居をタルソスの城に構えた。城中の、アレクサンドロス大王の像を建立する予定だった祭壇にグリュケラの像を建てた。それほどまでに、アルパロスはやることに迷いを持たなかった。

アレクサンドロス大王はアルパロスの使い込みを知らされると、彼を逮捕して牢獄に入れるように命じた。しかし、アルパロスはグリュケラと先妻ピュティオニケとの間にもうけた娘を連れてうまく大王の追っ手から逃げおおせた。彼は約五千タラントの財宝と三十艘の船と六千人の傭兵を伴ってアテナイにきたのである。

アルパロスはスニオン岬に上陸したのだが、住民に追放され、タイナロン岬に逃げた。そこに傭兵を残し、船と金、つまり二艘の船と七百タラントだけの金を持ってペイライエウスに向かった。身柄をアンティパテル〔アレクサンドロスの将軍、マケドニアの摂政〕と大王の母オリュンピアスに渡されないようにするために、アテナイ人にこれらのもの（船と金）を与えた。そしてタイナロンに戻ると、そこからクレタ島へ逃げた。ここでラケダイモン人（スパルタ人）のティンブロンに殺された。

グリュケラはそのために年老いて貧乏になり、クレタ島を後にした。そしてアテナイに戻ってくると、たくさんの愛人たちと交流を持った。その中にはメナンドロス(1)もいた。グリュケラは最後までメナンドロスを信頼した。メナンドロスに対する彼女の愛情と信頼は、まぎれもなく真実であることが証明されることになる。

エジプト王プトレマイオスが詩人メナンドロスのことを知るや、彼にエジプトに移住しないか、と言った。グリュケラはエジプトにはアテナイのように名だたるヘタイラはいないだろうが、男心をとろかすような官能的な、肌の黒い女たちがいるだろうと思うと、当然のことながら妬ましさがこみあげてきた。彼女はひどく憂鬱になった。メナンドロスを失うことを恐れたのだ。

プトレマイオスの招待を受けたとき、メナンドロスはペイライエウスにいた。グリュケラはデメテルとバッコスの祭に参加しなければならなかったので、アテナイにいた。それで、メナンドロスは彼女に手紙を書き送り、自分はプトレマイオスの招待は受けない。きみを愛しているし、きみと離れて暮らすことはできない。アテナイで君のそばで死にたい。祭が終わったら、ろばに乗ってペイライエウスにきてくれ、寂しくてたまらないから、と伝えた。

グリュケラは彼に返事を書いた。手紙の中で、あなたの決断はとても嬉しい。でもよく考えてください。プトレマイオスの宮殿にいるのはたいへん価値のあることですし、アテナイに戻ったら、友人のテオフラストス(2)はエピクロス(3)と一緒にプトレマイオス王の招待についてももう一度考えるようにと忠告した。必要があれば、デルフォイの神託を求めるのもいいでしょう。もし思い直してエジプトへ行くなら、プトレマイオスが好む『許された人びと』、『シキュオン人』や『タイス』などの劇を持って行くのを忘れないでちょうだい、と。

グリュケラのメナンドロスに向けられた愛情は、彼への彼女の態度ばかりか、コリントスにいたバッキス宛ての彼女の手紙にも窺える。手紙の要旨はこうだ。

メナンドロスがイストモスの競技会(4)を見に行ったが、それはあなたを知るのが主な目的なのであり、競技会を見るのはたんに口実だと思う。メナンドロスは色好みだから、彼があなたを手に入れようとするだろう。あなたが彼と関係を持つのを私は恐れている。だから、どうか彼とは関係を持たないで欲しい。私は彼を失いたくないの。もしメナンドロスがアテナイにいたときと同じ状態で私の許に戻ってきたら、恩に着るわ、といったようなものだった。

グリュケラの愛はメナンドロスが死ぬまで続いた。ある日、彼がペイライエウスに自分の耕地を見に行った。そこでいったい何があったのかは正確には分からないが、彼は五十二歳で海で溺死した。

グリュケラは深い悲しみに打たれた。彼女はアテナイで没した。

グリュケラの答え方はいつも賢明だった。メナンドロスが或るとき、いらいらして帰ってきたので、彼をなだめようとして、彼女が牛乳を持ってきた。ところが、彼は飲むのを拒んだ。牛乳に膜が浮いている、と言って。その膜のことを「グラウス」と言ったが、それは顔のしわを隠すための化粧品のことだった。グリュケラは、彼が牛乳を飲むのを断ったのはいらいらしていたからではなくて、彼女の顔のしわのことを思い起こしているのだということが分かった。それで彼女は答えたのである、

「フーと吹いて、その下のところを飲んでくださいな。」

また、こんなふうに答えたこともあった。

あるとき、スティルポン(5)が、彼女に対して、きみは若い者に酒を飲ませて堕落させている、と言って非難した。すると、彼女が彼に答えた、あんたは無駄な哲学を教えている、と世間の人が非難しているわよ。だから若い人は、あんたのような哲学者が教えようが、私のようなヘタイラが教えようが、たいした違いはないのよ。

(1)(前三四二/一 - 二九三/二、または二九〇/八九) 新喜劇詩人。アッティカ新喜劇を代表する詩人。

(2)(前三七〇頃 - 二八六) 哲学者。レスボス島出身。アリストテレスの弟子となり、その後を継いでペリパトス学派〔逍遥学派〕の学頭となった。

(3)(前三四一 - 二七〇) 哲学者。善の基準は快楽であるが、肉体の快楽ではなくて、煩悩からの解脱(心の平静)こそが目ざすべきものだ、とした。

(4) オリュンピア、ピュティア、ネメアとならぶ古代ギリシャ四大祭典競技会の一つ。海神ポセイドンに捧げられた競技会で、勝者に授けられる賞品は松の枝で編んだ冠だった。

(5)(前三八〇頃 - 三〇〇) 哲学者。メガラ学派はスティルポンの指導下で最大の名声を得た。哲学者たちは彼の「議論の斬新さと詭弁」によって、ギリシャの多くの地方から引き寄せられた。

ピュティオニケ

アルパロスがグリュケラ以前にピュティオニケを妻にして、彼女との間に一女をもうけたことは既述した。アテネ考古学博物館には、ピュティオニケの記念碑の遺跡にあった彼女の像がいく体かある。ピュティオニケはもともと笛吹女バッキスの奴隷だった。その後、彼女はアルパロスの愛人になった。彼は彼女を女王のように扱った。死後も、女王のように高く評価されて祀られていた。

アルパロスはバビロニアに彼女の記念碑を建てたし、アテナイには二つ目の記念碑を建てた。バビロニアの記念碑には祭壇もあり、彼女はそこでは「アフロディテ・ピュティオニケ」として祀られている。

アテナイの彼女の記念碑はエレウシスの参道にあったので、そこからはパルテノン神殿が見えた。そこはまちがいなくカイダリオスの丘が見える場所であって、予言者エリアの小さな教会のあるあたりである。

この記念碑はケノタフィオン（死者の記念碑）で、フォキオン(1)の義理の兄弟のカリクレスが三十タラント(2)をかけて建築したものである。これはあまりにも立派だったために、見た人はこれがヘタイラのものとはとても信じられなかった。世人はペリクレスやミルティアデス、またはキモンといったアテナイを代表する人物の碑だと思った。もちろん、年数を重ねるにつれて崩れ落ちてしまった。その遺構がアテネ博物館に収蔵されていることはすでに述べたとおりである。

(1)〔前四〇二/一―三一九没〕アテナイの才気ある政治家、将軍。彼の一族は公共奉仕を行う階層だった。
(2)一タラントは六千ないし一万ドラクマ。

ラミアとメリッタ

デメトリオス・ポリオルケテス(1)も幾人かのヘタイラを愛した。その中の一人がラミアであって、死ぬまで彼に誠を尽くした。彼女はクレアノラスの娘だった。ラミアは当初キュプロス島のサラミスで公認のヘタイラだったのだが、デメトリオスが彼女より年下にもかかわらず、彼女を捕まえて、恋をした。彼女の品位、教養、知性に惚れ込んだのである。デメトリオスは彼女と関係して、娘のフィラをもうけた。アディマントスはランプサコス〔黒海沿岸の都市〕にフィラの神殿を建てている。

デメトリオスが或るとき、遠征から帰ってきて父親のアンティゴノスに会った。するとデメトリオスがあまりに強くこの父を抱きしめたので、アンティゴノスが「息子や、お前は間違っている。わしはお前の父親であってラミアではないぞ」と言った、とプルタルコスは伝えている。

アンティゴノスがデメトリオスに会いに行ったときのこと、デメトリオスが病気だったので、父親は前室〔広間・主室に通じる控えの間〕でラミアに出会った。彼は中に入り、息子のそばに座って息子の手をとった。すると、デメトリオスは父親に言うのだった、
「たった今、熱が下がりました。」
これに対して父は息子に答えた、「ほんにそうだよな、息子よ、ほんの少し前に儂は前室で熱(2)に出

会ったよ」。

次のこともプルタルコスが伝えている話だ。あるとき、デメトリオスはリュシマコスに使者を派遣した。リュシマコスは使者たちを寝室で迎えた。そして、ライオンと戦って爪で引き裂かれた傷痕を見せた。使者たちはそれを見てリュシマコスに笑って言うのだった、私どもの王にもラミアという野獣の爪でやられた傷がありますよ、と。

アルキフロンはデメトリオスにラミアからの手紙を渡した。彼を夕食に招待する内容だった。その内容は今まで書かれたことがないほど素晴らしいものだったらしい。

しかし、デメトリオスの宮殿の女たちはラミアをあまり快く思っていなかった。ある祭のとき、ラミアが笛を吹いていると、デメトリオスはヘタイラの一人のデモに訊いた、お前にはラミアがどう見えるかい？　するとデモは「婆さんに」と答えた。

またしばらくして、ラミアが作った菓子をみんなに持ってくると、デメトリオスはまたデモに訊いた、「彼女の菓子はどうだい？」

「あなたの愛人だったにしても、私の母さんであるほうがもっといいわ」、とデモは答えたのだ。上述したように、ラミアはデメトリオスよりも年上だったのだ。

ラミアは大変な金持ちだったが、浪費家でもあった。あるとき、デメトリオスを喜ばすために、彼女はサモス島生まれのリュンケウスが一冊の本に書いたほどの贅沢な夕食を用意した。また、ラミアに化粧品を供するために、デメトリオスはアテナイ人たちに二百五十タラントの税金を課したのである。

ラミアへの愛はデメトリオスを盲目にした。そのために、マケドニアからアテナイが解放されたとき、アテナイ人が彼と父（アンティゴノス）のために黄金の立像を建立し、パルテノン神殿に彼を神として祀ったことを、彼は忘れてしまった。当時の喜劇作者はデメトリオスがアテナイ人の金をラミアの化粧品の代金に当てたできごとを取り上げて、ラミアに対して「エレオポリン」〔都市を滅ぼすもの〕を意味する、デメトリオスの攻城機という名前をつけた。

あるとき、デメトリオスがシリアに、すなわち、セレウコス王を攻撃するために遠征した。そこで彼は捕らえられ、ケルソニソス半島に追いやられた。三年後にデメトリオスは死んだ。ラミアは彼の目を閉じてやった。彼女はデメトリオスが息を引きとるまで、そばを離れなかった。

彼の亡きがらが船で運ばれたとき、彼女はその行列についていった。ラミアが愛するデメトリオスの墓で、胸も張り裂けんばかりに泣き叫んでいるのを見て、人びとは彼女を大いに憐れんだ。

ラミアは「目映いばかりのストア」〔屋根のある柱廊〕をシキュオンに寄贈した。彼女はこれを自費で建て、その中に有名な画家の絵を飾った。アテナイ人とテバイ人はこのラミアの名誉のために、「アフロディテ・ラミア」という名の神殿を建てた。

デメトリオスはもう一人の愛人メリタを愛したのだが、その愛し方から「マニア」と名づけられていた。これはすぐれた女性という意味だった。

彼女は背が低く、すばしこくて、話が面白く、話相手として楽しい人だった。ルフィノスは彼女のために大変美しい愛のエピグラムを書いた――彼女の目はヘラ、手はアテナ、胸はパシファエ、くるぶしはテティス〔アキレウスの母、海の女神〕。彼女を見る者を幸福にさせ、彼女を聞く者を天にも昇る心地にさせ、彼女を愛する者は神になり、彼女と結婚する者は不死になる、と。

（1）〔前三三六－二八三〕マケドニア王アンティゴノス一世の子で、デメトリオス美公の父。夢を追いつづけた才気あふれる王で、前三〇七年、カッサンドロスからアテナイを解放した。前三〇五年にはロドス島の攻城戦で最新式の攻城機を多用して「攻囲者」という異名を得た。

（2）ラミアのことを指して言った。

タイス

ラミアと攻囲者デメトリオスの話で、もう一人の戦士のことが思い出される。アレクサンドロス大王と愛人のヘタイラ、タイスのことである。フィリッポスとオリュンピアス〔大王の両親〕は息子が男らしくないことをいつも心配していた。そのため、二人はアレクサンドロスを十七歳のカリクセイナに抱かせた。しかし、彼がカリクセイナになんの興味も示さなかったので、アレクサンドロスは男が好きなのだと思い、アレクサンドロスを今度は自分の兄弟に紹介した。彼は、実はアレクサンドロスの父親の情夫でもあった。

正確にはこのようなことはあったはずがないし、アレクサンドロスが母親から、遊女たちの前で裸を見せてはいけないと言われて、マスターベーションをしたとも思われない。多分アレクサンドロスは七回も結婚した父親の道を踏襲したかったのだろう。父親の結婚相手の中には二人のヘタイラもいた。アウダタと言い、彼女との間にキュンナをもうけた。そしてもう一人のフィリナからはアリダイオスをもうけたが、彼は知恵遅れ、ないし癲癇《てんかん》だった。

タイスはアレクサンドロス大王を知る前には誰とでも付きあっていた。あるときには、タイスは体臭が発情期の山羊に似ている男の許に通っていたとも言われている。

誰かが彼女を呼びとめてどこへ行くのか、と訊くと、彼女はエウリピデスの詩句「パンディオンの息子のアイゲウスのところへ」をもって答えた。彼女はたくみに言葉遊びをしたのだ。アイゲウスはアイクス（山羊）をもじったもの、「アイゲウスのところへ」とは山羊の臭いのする男のところへ、という意味なのである。

メナンドロスはタイスについてまるごと一編の喜劇を書いた。その中で、メナンドロスは彼女の特徴を、傲慢で美しく、説得力がある一方、悪賢くて、人を曲解し、要求が強く、本当のことを言わない人間だ、と述べている。

彼女とアレクサンドロスとの関係について話そう。戦さに勝つといつもたくさんのご馳走と酒を嗜むのが当時のならわしだった。コノン(1)はクニドス近辺での海戦で、ラケダイモン人に勝利したとき、アテナイ人に百頭の牡牛を殺してもてなした。アルキビアデスはオリンピックで戦車競技に勝利したとき、オリュンピアのゼウスに犠牲をささげた後、祭典を見物していた全員に食事を振る舞った。

アクラガスのエンペドクレス(2)はオリンピックで馬の競走に勝つと、生き物はいっさい食べなかったので、ミルラ（没薬）、香料、乳香から作った牡牛をこま切れに切って祭典に集まった人びとに分け与えた。

キオス島生まれのイオン(3)は演劇の競技で優勝したとき、アテナイ人一人ひとりに焼き物の容器にキオス産のワインを詰めて配った。

アレクサンドロス大王も上述の人びとの例にならった。だから、勝利の後に必ず祝宴を張ったのと同じように、ペルシャ王ダレイオスに向けて遠征したときにも豪華な食事を並べて大いに飲み、かつ笑い興じたのだった。

こういう祝宴のおり、大王はヘタイラのタイスを同伴したことがあり、彼女の美しさには目を見張るものがあった。タイスはこの席上、ペルシャ王宮が焼け落ちるのをぜひ見たいわ、と言った。アテナイを焼き払ったクセルクセスの仕返しをするために、彼女はできれば自分で火を放ち、これが大王の将軍たちや提督たちの仕業ではなく、大王のそばにいる女たちがやったことだ、と人に知ってもらいたいと思ったからである。

マケドニア人たちはタイスのこの考えに関心を寄せた。というのも、彼らが宮殿を焼いてしまえば、そこに住むことができなくなるため、故国に帰ることになると考えたからだ。ところが、アレクサンドロスは放火の命令を出したが、その後ですぐ消火するよう第二の指令を発した。以上はプルタルコスの語っているところである。

シケリア人ディオドロスは別の話を伝えている。彼によると、アレクサンドロスは勝利を祝って神々に犠牲を捧げ、戦友たちに食事を供した。この祝宴で、タイスがアレクサンドロスに対して、王宮を焼いてしまいなされ、大王にはそれが似つかわしい行為ですわ、と告げたと言う。

その後、祝歌を歌いながら練り歩くバッコス祭[4]の行列が編成されたとき、タイスを傍らに侍らせたアレクサンドロスがこれを率いた。

二人は宮殿に火のついたトーチを投げつけた。そして、行列の中にいた他の者も二人の真似をした。こうして女の力を借りることで、クセルクセスによるアクロポリスの焼き打ちという、神への冒瀆に対しての復讐を果たしたのだった。

アレクサンドロスはこのようなことをしたわけだが、そのためアレクサンドロスの父はハデス〔冥府の王〕に出会ったとき、ルキアノスの『死者の言葉』の中で語っているところから判断すると、息子の傲慢と狂気を叱ったらしい。しかし、口さがない連中がこの死体はフィリッポス自身の子ではなくて、エジプトのアモン神〔エジプトの万物の創造主〕の子だと言った。フィリッポスは初めて死体を見たことを喜んだ。というのも、神の子であれば死ぬことはないし、ハデスで息子に出会うはずもないからだ。

タナトス〔死神〕にアレクサンドロスが見舞われたのはダイシオスの月の半ば、今日の七月初旬だった。高熱を出し、ユーフラテス川の向こう側へ行きたいと言い出した。対岸に着いて、誰に王座を譲りたいかと訊かれると、「クラティストンに」〔いちばん有能な人に〕と答えたのだった。

彼は肺炎かチフスにより、またはマケドニアにいる反アレクサンドロスの敵のアンティパトラスが送り付けた毒で死んだとも言われている。大王が訴えた全症状から類推するに、大王はどうやら膵臓炎で死んだものと思われる。

アレクサンドロスの葬儀はアレクサンドリアで行われた。カノス島のディオンは、アレクサンドリアのアレクサンドロスの墓を訪れた人だが、彼はそこで「アレクサンドロスの墓は一段高いところにあった」、と書いている。シケリアのディオドロスによると、カノス島のディオンがアレクサンドロスの遺骨から力をもらおうとしてその骨にさわると、大王の鼻の一部が折れてしまった、とのことだ。アレクサンドロスの墓を訪れたローマ帝国最後の皇帝カラカラと歴史著述家のヘロディアノスは、マントと指輪とベルトを奉納した。

アレクサンドロスの異母弟アリダイオスは六十四頭の馬に引かれた戦車をそっくり再現して、アレクサンドロスのお棺をバビロニアからエジプトへと運んだ。プトレマイオス一世は大王に敬意を表するために遺体をアレクサンドリアに運んで埋葬した。

パウサニアスは、プトレマイオス一世が、マケドニアの習慣に則って大王をメンフィスに埋葬した、と述べている。

タイスに関してはどうかというと、大王を愛人にしたようなヘタイラが消えてしまったりすることがどうしてあり得よう。彼女はエジプト王プトレマイオスと結婚したのだ。王との間にラゴスとレオンティスコス、それに一人娘イレネをもうけたが、イレネは後にキュプロス王エウノストスと結婚している。

(1)（前三世紀）天文学者、数学者。星座を発見し、エジプトの記録を援用して、日食についても研究したと伝えられる。

(2)（前四九三－四三三頃）シケリアのアクラガスの人。民主派の指導者、医者、弁論家、自然学者。空気が物体であり、心臓に流れ込んだ血がそこから流れ出ることも知っていた。呪術的能力を持ち、宗教家でもあった。

(3)（前四八〇頃－四〇六）詩人、散文著述家。悲劇詩人として名高く、アイスキュロス、ソフォクレス、エウリピデス、エレトリアのアカイオスと並んで、五大悲劇詩人の列に位置づけられている。
（4）酒神バッコス（ディオニュソス）を祀る狂乱の祭。

タルゲリア

私たちの物語がヘタイラと王族との恋愛話にたどり着いたついでに、もう一人、王と結婚したミレトス出身のタルゲリアについて話すとしよう。

「彼女はすばらしく美しく、とても賢かった」、と言われている。ヒッピアス[1]は著書『集会』の中で、タルゲリアには四十人の愛人がいた、と書いている。しかし、このことは彼女がテッサリア王アンティオコスと結婚し、その王の死後も王妃として王国に残ることに何の支障にもならなかった。

彼女は十四回も結婚したと言われる。彼女の学識は高かったから、クセルクセスはギリシャに戦争をしかけたとき、彼女を政略の道具として利用した。ダレイオス王は彼女をものにしようとしたが、それは果たせなかった。タルゲリアはアスパシアを手本にしていたのだ。彼女は或るアルゴス人の男を牢に入れたため、後に彼によって殺された。

（1）（エリスの）ヒッピアス。前五世紀後期の多芸多才家。オリュンピアの競技会で優勝者一覧表を作成した。

王に愛されたその他のヘタイラたち

「攻囲者」デメトリオスやアレクサンドロス大王やアンティオコス以外の王が、どうしてヘタイラを愛人にしない理由があろう。

ヘタイラのストラトニケはエジプト王プトレマイオス・フィラデルフォスから深く愛された。彼女が死ぬと、王はエレウシスに彼女の記念碑を建ててやった。プトレマイオスにはディデュメというヘタイラもいた。彼女のスタイルの良さと顔の美しさは有名だった。

王に仕えていたその他のヘタイラでは、レフカス島生まれのティグリがいる。彼女はイペイロス〔ギリシャ西北の地〕王ピュロスに愛された。王は彼女を王宮に住まわせてやった。しかし、王の母親はこれに堪えきれず、彼女に毒を盛ったのだった。

プトレマイオス・フィラデルフォスの愛人だったもう一人のヘタイラ、ミュルティオンもエジプトでいちばんの美女で、いちばん金持ちでもあった。実はパンフィロスも彼女を愛人にしていた。それで、彼女は彼との間に一子をもうけている。

プトレマイオス・フィラデルフォスの別のヘタイラとしては、アルゴス生まれのビリステケとか、さらには元はプトレマイオス・フィロパトル（愛父王）の愛人で、波乱万丈の人生を送ったアガソクレイアがいた。

セレウコス王もミュスタスというヘタイラを愛人に持ち、王宮に住まわせていた。

エジプト王アマシスに愛されたヘタイラのドリケの生涯を紹介するのも興味深いことだろう。アマシスはサフォー〔女流詩人〕の兄弟であるドリケスの愛人になる前に、カラクソスなる者を情夫にしていた。

ドリケまたはロドペとも呼ばれたが、これは顔がばら色（ロドン）をしていたからなのだが、彼女の生まれはトラキア〔ギリシャ北部の地〕だった。彼女は元はサモス島のイアドモンの奴隷だった。ヘロドトスは彼女のことをロドペという名前で述べている。その後、イアドモンは彼女をカラクソスに売った。彼女はカラクソスにより経済的にひどく苦しめられたのだが、それでも彼を大変愛していた。

それだから、彼が留守のときには、家の屋根に登り、カラクソスが戻ってくる船が見えないうちはそこから降りなかったのである。

エジプトでは、ドリケは一つのピラミッドをそっくり建てられるくらいの巨万の富を得たとも言われている。しかし、ヘロドトスはこのことを否定している。確かなことはドリケがエジプトでアマシス王を愛人にしていたこと、そして彼女のために王が莫大な金を浪費したということである。

ドリケにはプサンメティコス王との間に美しい物語がある。

アマシスと知り合う前、彼女がまだカラクソスを愛していたとき、ナイル川のほとりでサンダルを失くしたことがあった。ある漁師がそのサンダルを見つけて高く持ち上げたとき、地面に落ちた。それが玉座に座っていたプサンメティコス王の足もとに偶然落ちたのだった。王は七十三人の愛妾たちに囲まれて玉座に座し、軍隊の閲兵をしていたのだが、ちょうどその場所に天からドリケの小さなサンダルが降ってきたのだ。

王はこのサンダルを見ると吉兆だと思い、その持ち主を探すように命じた。女たちはサンダルが自分のものだと主張したが、証明はできなかった。そこへドリケがそのサンダルは自分のものだと申し出ると、王は彼女のあまりの美しさに魅せられて結婚を申し込んだ。ドリケはまだカラクソスに未練があったから、プサンメティコス王のプロポーズを断った。

にもかかわらず、カラクソスがとあるギリシャ美女に魅かれてドリケを捨てたとき、彼女は王のプロポーズを思い起こした。それで彼女はメンフィスに赴き、プサンメティコスに面会を求めた。

王はサンダルのことを思い出してこう答えた、

「今は小さなサンダルよりも、大きなサンダルのほうが気に入っている。」

こうしてドリケはプサンメティコス王の寵愛を受けられなかった。

ポセイディポスは言っている、ドリケはひじょうに醜いせむしで、どもりのイソップを愛したただ一人のヘタイラだった、と。

哲学者と悲劇作家に愛されたヘタイラたち

アリストテレスは妻ピュティアスの死後、ヘタイラのエルピュリスを愛人にした。彼女はアリストテレスが死ぬまで操をたてた。アリストテレスは彼女との間に一子ニカノラスをもうけた。アリストテレスは亡き妻との間にすでに一女をもうけていたが、この娘の名前もピュティアスという名前だった。

ディオゲネス・ラエルティオス(1)によって、私たちはアリストテレスが息子のニカノラスが成人するまでアンティパトラスを後見人とするから、みんなもこの息子のことを忘れないようにして欲しい、と遺言したことが分かっている。

その同じ遺言で、アリストテレスはエルピュリスが自分に奉仕してくれたから、自分が死んだ後には彼女の結婚相手を探してやってくれ、ただし彼女より身分が下の者であってはならない、と述べている。

アリストテレスは遺産相続人を別として、エルピュリスに銀一タラントおよび三人の奴隷を与えるように、と指示している。アリストテレスが息を引きとった実母の住居のあるカルキディケ半島〔マケドニアの東部、アトスを含む地域〕にエルピュリスが住むことを望むなら、庭に家があるのでそこに住めばよいし、また彼の故郷スタゲイロスの父の家に住みたいのであれば、そうさせるがよい、と言い残した。

彼女が住みたいと決めた家の家具調度については、遺言執行人が手配するように、と行き届いた配慮を示している。

エピクロス(2)にはレオンティオンという美しくて、たいそう教養のある愛人がいた。彼女はきれいなアッティカ方言をしっかり書いた。テオフラストスが『結婚について』という本を著したとき、この本のなかで女たちについて否定的なことが書かれているのを読み、レオンティオンだけが彼の考えに反対した。そのため、ローマの文人キケロからさえも賛辞を受けたのだった。

エピクロスが老いると、彼女はたくさんの弟子と関係を持った。そして、エピクロスの死後は彼の残した学派の指導を引き継いで教導をつづけた。

当時、レオンティオンはメトロドロスと関係があった。しかし、真の愛を求めていたのはエピクロスの弟子ティマルコスだった。

アルキフロンが伝えているところによると、レオンティオンが友人のラミアに宛てた手紙があり、その手紙の中では、レオンティオンは暗にエピクロスのことを指して、老人が若者みたいな振る舞いをするのは世の中でいちばん醜いことだ、と告白している。同じ手紙の中では、彼女はティマルコスのほうが好きなのだけれども、ティマルコスは師匠のエピクロスのそばで過ごし、師匠にお世辞を言い、おだてあげており、この老人が彼女にとり恋のライバルになっている、と白状している。

以上のことはレオンティオンがエピクロスについて語っていることだが、エピクロスはと言うと、彼女のほかにヘタイラのフィライニスを愛人に持っていた。彼女はレフカス島の生まれで、やはり学識があった。クリュシッポスの『美しさと快楽について』という本の冒頭部分「快楽について」は、この本の中ではアルケストラトスが書いたことになっているが、実際はフィライニスが書いたものだった。

フィロニデスはレオンティオンを愛人にしていたのだが、彼女をたいそう嫉妬していた。ある日、ヘタイラのグリュケラがレオンティオンを訪ねたという。フィロニデスがたまたまそこに居合わせていてグリュケラといちゃつきはじめた。レオンティオンは嫉妬したけれども、なにも言わなかった。彼女はわざと冷たく振る舞った。フィロニデスはレオンティオンの態度が一変したことに気づいて、どうしたのか、と訊いた。すると彼女は、「イステラ」が気になる、と答えた。

イステラとは子宮という意味だが、彼女はイステラ（後から）来た女、つまりグリュケラのことを暗に指したのだった。

また或るとき、ヘレスポントスから一人の外国人がやってきて、自分の故郷のことを図々しくも長々と話した。レオンティオンは不愉快になって、それではなぜヘレスポントスに住まないでわざわざアテナイにやって来たのです？　と訊いた。すると外国人が言った、

「いったいどこに住めばいいって言うのです？」

そこでレオンティオンは彼に言うのだった、

「シゲイオン〔トロイア地方の岬〕がいいんじゃないの。」

彼女はこう言って、暗にヘレスポントスの自慢話を止めるように言ったのだった。

プラトンはヘタイラのアルカイアナサを追っかけていた。彼は彼女に夢中だった。

エウリピデスは日ごろからこう言っていた、「死すべき身の人間にとって、死ぬことは幸せなことなのだ」。

彼は生来、孤独を好んだ。結婚生活に失敗していたのだ。それ以来、女嫌いになった。二番目の妻も彼の奴隷と関係して、裏切った。

エウリピデスのことを評して、ある人はこう言った、「陰気でべそっかきで、男のくせに女見たいな奴だ」と。

彼は洞窟にこもるのが好きだった。その洞窟は「ケクレアの洞窟」と呼ばれていたが、入口が二つあって、サロニカ湾に臨む南サラミスにあった。今日では、わたしたちはこの洞窟のことを「アイアスの洞窟(3)」と呼んでいる。ここでエウリピデスは『ヒッポリュトス』を書いたのである。多くの人たちはエウリピデスが陰気で、べそっかきで、女みたいな男であったほうがいいと思っていたが、ソフォ

クレスは「そうは言っても、エウリピデスは悲劇の中では少なくとも、ベッドで女を愛していたのだ」と言っていた。

エウリピデスは、エロスは偉大な神であり、しかもすべての神々の中でエロスをもっとも高貴な神であると見なさない者は学のない者だ、または美の観念を持たないためにエロスが神々と人間のあいだに介在するもっとも偉大な存在であることを知らない者だ、と言っていた。

また、こうも言っていた、

「エロスを過度に避けるものはエロスを執拗に追いかける者と同じ病気に罹っている」と。

彼はアテナイの家庭生活に失望してペラにやってきて、アルケラオス王(4)に庇護された。

ある日、アルケラオスの犬に噛まれ、その毒にやられて死んだ。エウリピデスの生涯はヘタイラとは無関係だった。

ソフォクレスは女を信用していなかった。彼の意見は「私は女の誓いを水の中に書く」というものだった。彼は老年になって、ヘタイラを愛人に持った。アルキッペだった。当初、彼女はスミクレネスを愛人にしていた。スミクレネスはアテナイオスの言うところによれば、ソフォクレスにとって重い、たいへん賢いことを言ったという。

あるとき、スミクレネスは、人からきみの前の友人アルキッペはどうしているかね、と訊かれて、スミクレネスは答えた、

「梟なら墓の上にいますよ。」

梟とは老大悲劇作家のことだった。

老年になったソフォクレスをテオリスが必要としていた。彼女はたいへん気位が高かった。彼女が愛人としてデモステネス(5)を拒むなんて想像もできない。デモステネスは復讐するために、神を冒瀆した罪で彼女を訴え、死刑を求めた。

年をとってからヘタイラを愛人に持ったのは、ソフォクレスだけではなかった。老ネストル(6)、老フォイニクスもみなヘタイラと寝た。

ピュタゴラスの愛人はヘタイラのテアノだった。ピュタゴラスは彼女と結婚し、彼女との間にたくさんの子をもうけた。テアノはテバイの生まれだった。歴史家のドゥリスによれば、彼女がフォキス人の誰かにさらわれたことが原因になって「神聖戦争」が始まったという。彼女には哲学的な洞察力があったため、ピュタゴラスを感動させたのだった。

（1）アテナイ市民の息子は十八歳で市民として名簿に載り、主に軍事教練などを受けて二十歳で正式な市民になった。

（2）（前三四二頃-二七一頃）ヘレニズム時代を代表する哲学者。彼の追求した理想は、恐怖から解放された心の平静によって実現される幸福で、平和な生活そのものだったが、「快楽主義」と言われて誤解も多い。

（3）トロイア戦争のときのギリシャ軍の英雄。サラミスの領主だった。

（4）（在位前四一三-三九九）マケドニア王。幹線を整備し、砦を築き、新都ペラを建設し、ギリシャ全土より文化人を招いた（エウリピデスもその一人）。

（5）（前四一三没）アテナイの将軍。前四一三年にアテナイ艦隊を率いてシュラクサイに出動、戦いに敗れてシュラクサイ人によって処刑された。

（6）トロイア戦争のときのギリシャ軍の長老。彼の意見にはアガメムノンをはじめ多くの将が耳を傾けた。

サフォー

古来、その人となりについてさまざまな議論があったのがサフォーだった。当時の喜劇作家たちは彼女を同性愛者として描きたがった。彼女の家は「ムソポロイキア」（ムーサに仕える家）と呼ばれたので、彼らはこれを「サフォーの愛の家」と呼んだ。

サフォーは同性愛者ではなかった。彼女はアルキロコスとアナクレオンタス、それにヒッポナクタスの愛人だった。そしてヒッポナクタスは次のような悪意に満ちた詩を書いた、

「女にとって一生でもっとも良い日は二日間、一日は結婚の日、もう一日は葬式の日」だ、と。

サフォーはミュティレネ〔レスボス島の首都〕で生まれたか、あるいはエレッソで生まれてからミュティレネにやってきたらしい。アッティカ方言では、彼女はプサファと呼ばれていた。彼女は高い教養を持ち、すばらしい詩を書いた。スカマンドロニュモスの娘だった。ドリケスの情夫だったカラクソスという兄弟、さらに、エウリュギオスとラリコスという二人の兄弟もいた。ラリコスはミュティレネのプリュタネイオン（市庁舎）で宴会係りをしていた。

サフォーは美人ではなかった。身体は小さく痩せていて、肌は浅黒かったが、魅力があった。プルタルコスは「彼女の詩句は火のようだった」と言っている。プラトンは彼女のことを「十人目のムーサ」と呼んだ。ホラティウス〔ローマの詩人〕は彼女の歌は聖なる感動に値すると言った。

サフォーはアンドロス島〔キュクラデス群島の一つ〕生まれのケルキュラスと結婚し、一人娘クリサまたはクレイサを生んだ。夫が死ぬと、サフォーはファオナスという美しい若者に苦渋に満ちた恋をした。しかし、彼は彼女の恋に応えなかった。メナンドロスによれば、彼女は失った恋に絶望して、現在、「ケラの岩」と呼ばれている場所から海に身を投げて死んだという。その場所はレフカタスという岬である。

フィリアノスは違う考え方をしている。つまり、ファオナスは年老いて貧しくなると、レスボス島から小アジアに渡る人を船で運んで生計をたてていた。ある日、アフロディテに向こう岸に渡してほしいと頼まれたとき、彼は女神を無料で渡してあげた。そのために女神はファオナスをもういちど美しい若者にした。サフォーがファオナスに出会ったとき、彼がサフォーを一顧だにしなかったため、自ら命を絶つような激しい恋をしたのはそんなときだったのだという。

このあたりで迂遠な話は止しておこう。サフォーは詩人だった。自分の家に若い女性たちを呼び、詩を詠んだり神々の讃歌を歌った。ソクラテスが自分の弟子たちを愛したように、彼女は自分の弟子を愛した。ただそれだけだったのだ。

レスボス島でサフォーは「女性クラブ」を作った。人びとはこの女性クラブで、あるいは弟子たちの間に彼女が恋愛感情を吹きこんだ、と言って非難し、彼女たちのことを「レスボス女の恋」とか、「サフィズム」とか「レスボス島の色恋」などと、性急に決めつけた。しかし、これは誇張だ。サフォーと女たちの関係をはっきり述べた者は誰もいない。また、プラトンも女どうしの恋について『シュンポシオン』の中で語っているが、サフォーについては何も語っていない。

サフォーの弟子の中で名を知られた者に、アトゥティス、テレシラ、アナゴラ、エウネイカ、ゴギュラ、メガラ、クリイス、アンドロメダ、ゴルゴ、エリナ、ムサシデカ、ノッシスなどがいる。これらの中でアトゥティス、テレシラ、メガラなどをサフォーは特別に可愛がったのだろう。それだけだったのだ。

サフォーは弟子たちに特別な感情を持っていたために誤解されたようだ。たしかに彼女は或る卒業生の弟子について、「本当は死んだほうがいい」という詩を書いている。また、ルキアノスはレスボス島の同性愛のことを書いているが、それはメガラのことだった。彼はレフカス島のフィライニスも同性愛だった、と述べている。

テュロス生まれの哲学者マクシモスはサッフォーの恋愛についてこう書いた、

「レスボスの女流詩人サフォーが理解していたエロスは、ソクラテスの《恋愛術》と異なるものではなかった。二人とも友情を同じように扱っていた。サフォーは女性に対して、ソクラテスは男性に対して」と。

サフォーの死後、その姿は焼物やレスボス島のコインに彫られて、永久に名前を残すことになった。現在ミュンヘンにあるサフォーとアルカイオスの描写と、ペルガモンの図書館に残された彼女の像はよく知られている。

（1）アポロンに仕える九人の女神。その美しい詩歌管弦の技をもって、アポロンをはじめオリュンポスの神々の無聊を慰めたという。

その他の格下のヘタイラたち

アテナイオスはアテナイの一人のヘタイラについて書いている。彼女は陽気で美しいことで際立っていたが、それにもまして教養にかけては彼女の右に出るものはいなかった。彼女は家を哲学の学校に作りかえ、独自の規則もあった、と言われている。

その規則は三百二十条あり、非常に厳しく適用された。以下はヘタイラ、グナタイネについて物語られているものである。

グナタイネは家で同棲していた、愛人で悲劇詩人のディフロスから夜明けより晩まで多くのことを学んだ。彼女は家にみんなを集めた。彼女は辛辣なユーモアが得意だった。マコナスは彼女について次のようなことを言っている。

あるとき、彼女がディフロスに冷たい態度をとった。彼がワインをつぐグラスが冷たいと言うと、だってこれはあんたの悲劇につぎこむんだもの、と彼女は答えた、と。

サモス島生まれのリュンケウスによれば、こんなこともあった。

ディフロスがあるとき、失敗作を上演したことがあった。観客席からブーイングが起きたので、彼はこっそり劇場から抜け出さなければならなかった。彼はグナタイネのところに行って足を洗ってく

れ、と言った。彼女は笑って答えた、

「あんたの成功はあんたが持ってくるんじゃないの？」

またあるとき、グナタイネはディフロスのお尻に傷跡があることに気づいたので、彼女がどうしたの、と訊いた。彼が、子供の頃遊んでいて火の中に落ちたことがあるんだ、と答えると、彼女はすかさず言うのだった、

「いたずらをしてばちが当たったんでしょう。」

あるとき、グナタイネは友人でヘタイラのドクシテアと夕食を取っていた。ドクシテアが彼女の母親にいちばんおいしいものを誰よりも多く与えているのを注意深く見ていて、言った、

「そうと知っていたら、あんたの家じゃなくお母さんの家で夕食をとったのにね。」

また或るとき、人が彼女に十六年もののワインを小さいグラスに注いでやった。すると、

「ワインの年齢の割には小さいコップをもってきたのね。」

彼女はこう言って笑ったという。

グナタイネの話は次でおしまいにする。

あるとき、彼女の友人のカイレフォンが招かれずに訪れたことがあった。彼女は彼にワインを注いであげながら言った、「誇り高い人に乾杯」。

彼がなぜ自分が誇り高いのかい、と訊くと、彼女は言った、

「あんた以外の誰が招かれもしないのにくるもんですか。」

彼女の家の規則が厳しいことは前に書いたとおりである。

あるヘタイラは愛人のカルミデスのために死んだ。ミュルタレである。彼女はやはりミュルタレと呼ばれていたフィリッポスの妻のオリュンピアスとは何の関係もない。カルミデスはミュルタレが好きになったが、貧しくて彼女を愛人にすることができなかった。彼女の愛人は最初船乗りだったが、後に彼女が金持ちになると、相応の金を持っていなくては彼女を愛人にすることがむずかしかったからだ。カルミデスには金がなかった。それでもミュルタレは彼が自分のところに戻ってくるものと信じていたのだが、彼はとうとう戻ってこなかった。

ある日、彼女がケラメイコスから帰ってくると、奴隷女の一人が彼女に言った。「《ヘタイラとの交際を望む》と書いてある下に、ドロクレアスの子カルミデス、と署名があり、そこで私はあなた様のお名前を見ました」。

ミュルタレはこれを聞くとひどく喜んで、奴隷女の一人にカルミデスを連れてくるように頼んだ。彼女は庭園のところでなまめかしく、美しく着飾って彼を迎えた。

カルミデスは再び彼の想いを打ち明けた。そしてミュルタレに、いくら報酬を払えばいいのかと訊いた。ところが、彼女があまり高いことを言ったので、彼は再度彼女と別れなければならなかった。しかし、彼女はカルミデスをたいへん愛していたので、とうとう報酬なしで彼を受け入れた。ところが、こんどはカルミデスがミュルタレを拒否した。しかも非常に冷たい態度を見せたので、彼女は我慢がならなかった。

ミュルタレは一張羅の衣装を身に纏い、豪華な安楽椅子に座り、笛吹女に音楽を演奏させた。それから金のブローチを取り出すと、これで心臓を突き刺してカルミデスのために死んだのだった。

次のような話も伝えられている。植物の根からとって、ヘラクレスやプトレマイオスが罹ったような病や狂気を治すエレボロスについてはすでに話したが、そのエレボロスをよく使ったのが遊女ナイスで、またの名をティア、またの名をアンティキュラとも言った。

アンティファネスによって私たちは、この名前アンティキュラがアンティキュレアスから出た名で、アンティキュレアがフォキスのアンティキュラから派生したことを知っている。

アンティキュレアスがエレボロスを発見したのだ。この薬はナイスの愛人で医者のニコストラトスが使用していた。そして彼が死ぬと、これを遺産としてナイスに遺した。彼女は友人のワインの中にエレボロスを投げ入れた。こうして、エレボロスを発見したアンティキュレアの名をとったアンティキュラという名が彼女についたのだ[1]。

リュシアスは、アンティキュラは医者のニコストラトスだけでなく、フィロニデスとアルキアス、それにヒュメナイオスの愛人でもあったと言っている。フィレタイロスは彼女をあまり認めなかった。彼はナイスのことを「中身のない、からっぽな人間だ」と言っていた。

美しかったが不運なヘタイラだったミュリネを、ヒュペレイデスは愛していた。ヒュペレイデスは息子のグラウキッポスを追い出して、彼女を自分の家に連れ込んだ。ヒュペレイデスはミュリネのほかに、ペイライエウスにアリスタゴラを、エレウシスにフィラを囲っていた。彼には前述したようにフリュネもいた。

ミュリネはフリュネの裁判で彼女を擁護したヒュペレイデスに復讐する代わりに、いつもこのヘタイラ、フリュネを非難し、彼女の告発人エフティアスと関係を持った。だから、ヘタイラたちはミュリネを快く思わなかった。ミュリネの最後の愛人はディフロスで、彼はテタリと同棲したりして、ミュリネに対して誠実ではなかった。ミュリネはひどく嫉妬して、友人のニキッペにディフロスの心を自分に向けさせる魔法の媚薬をくれるように頼んだ。

★セックスについてのソクラテスと弟子たちの会話が、アルキビアデスの愛人テオドテの家で交わされたと言われている。テオドテは当時アテナイでもっとも美しく、もっとも裕福なヘタイラの一人で、彼女の豪華な家にはアンティステネス、ヘファイスティオス、アポロドロスをはじめ、テバイ生まれのサミアスやそのほかたくさんの男たちが集まっていた。

もちろん彼女の愛人のアルキビアデスも、彼の遠征によく連れていったヘタイラのティマンドラと一緒にきていた。

しかし、実際にテオドテが愛していたのは神像製作者のリュシストラトスだった。アリストファネスは、テオドテが自分ではなくソクラテスのほうが好きだったので、その不快の気持ちを『雲』の中に書いた。この作品を、ソクラテスの敵は根拠にして、ソクラテスを裁判にかけた。

アルキビアデスがフリュギアの総督ファルナバゾスによって殺されたとき、または、彼の愛人の兄弟によって自分の家で生きながら焼かれたとき、そのどちらだったかははっきりわからないのだが、テオドテとティマンドラは二人とも悲嘆の涙を流しながらアルキビアデスを埋葬した。

テオドテの美しいからだは、当時のたくさんの画家が不滅のものとして描いている。アルキビアデスのことを述べたので、スパルタ王アゲスの妻ティマイアとアルキビアデスとの関係をはっきりさせておくのがいいだろう。

アルキビアデスがティマイアをものにしようとしたのは愛欲のためではなく、彼女との間に子をもうけようとしたのだと言われている。もしその子がスパルタ王になれば、スパルタ王はヘラクレスの子孫ではなく、アルキビアデスの家系から出たと人は言うだろう。彼はそれほどまでにうぬぼれた男だった。

アルキビアデスについてはまだ言うことがある。彼は噂を聞いただけで会ったことさえないのに、ヘレスポントスの神々しいばかりに美しいメドンティスを愛した。アルキビアデスはメドンティスに会いたくて我慢ができず、夢にまで見た彼女と寝るために、友人のアクシオコスを連れて、ほんの数日を割いてヘレスポントスに行った。二人は彼女と寝た。そのためメドンティスが女の子を生んだとき、この子がどちらの子か分からなかった。この娘はたいへん美しかったので、彼女が大きくなると二人が彼女を愛人にした。アルキビアデスが彼女といっしょにいるときには、アクシオコスの子だと言い、アクシオコスと一緒にいるときにはアルキビアデスの子だと告げた。

ヘタイラのミュルティオンはパンフィロスによって妊娠した。彼女が妊娠八カ月になったとき、召使のドリスが彼女に、ひどいぶすで、色褪せたような青い目をした斜視の大金持ちの女とパンフィロスが結婚しようとしている、と告げた。これを聞いてミュルティオンは早産しそうになったが、幸いなことにミュルティオンはドリスが自分が間違いだったことに早く気づいてことなきをえた。

★今まで述べたように、多くのヘタイラには教養があった。その中の何人かは本も書いている。こういうヘタイラの一人にフィライニスがいた。彼女は『アフロディシオン』（性病）という本を書いたが、これが当時の大ヒットになった。

彼女はまた、『オプソロギアス（前菜）とガストロノミアス（食通）について』という本も書いた。この本はアルケストラトスが書いたと言われているが、クリュシッポスは彼が書いた『善と美について』という本の中で、フィライニスに賛辞を寄せている。

★ヘタイラのなかには教養だけで男たちをものにした者もいた。教養は男たちを引きつける磁極だった。たとえば、リュディアのサルディス生まれの恋愛詩人アルクマンの友人メガロストラテには美しさは必要としなかった。彼女は雄弁と官能の哲学だけで愛人をものにしていたのである。

彼女の友人のアルクマンは美食と議論が好きで、際限のない話をしてメガロストラテと一緒の食卓で過ごしていた。彼女は彼に恋の歌をうたって聴かせていた。プルタルコスは言っている(2)、もしアルクマンがサルディスで暮らしていたとしたら、何になっていただろう？　キュベレのただの神官になっていたかも知れない、と。

一方、彼はアテナイではメガロストラテの傍にいるときには王そのものだったのである。

★復讐を考える人間はいつの時代にもいた。

そんなヘタイラの一人にラオディケがいる。彼女にはダナエという友人がいたが、このダナエはエフェソス〔小アジアのエーゲ海沿岸の都市。アルテミス神殿で有名〕生まれのソフロナスの友人だった。ラオディケがソフロナスに悪だくみを抱いた。彼女はそのことをダナエに告白した。するとダナエはこのことをソフロナスに警告した。

それでソフロナスは故郷のエフェソスに逃げた。ラオディケはダナエが自分のはかりごとをソフロナスに告げ口したことを知ると、信頼していた彼女を崖から突き落とした。これはアテナイオスが伝えている話である。

★アクロポリスのプロピュライア（前門）には『アグロットスのレアイア』という青銅の銅像があったと言われているが、レアイアはヘタイラだった。デメトリオス・ポリオルケテスがその像を壊して、代わりに別のヘタイラ、ラミアの像を置いた。

レアイナの像が作られた由来はこうである。

レアイナはハルモディアスの愛人(3)だったが、あるパンアテナイ祭のとき、ハルモディアスがアリストゲイトンと計らって僭主ヒッピアスの弟ヒッパルコスを殺した。ヒッピアスはレアイナを捕えて、誰がヒッパルコスの暗殺に手を貸したのか白状させようとした。

レアイナが犯人を明かさなかったので、ヒッピアスは彼女を身の毛もよだつほどの恐ろしい拷問にかけた。彼女は拷問によって白状させられるよりはましとばかり、舌を噛み切って、ヒッピアスの前に吐き出した。

アテナイ人たちは彼女に感謝の念を表わし、彼女の像を作り、『レアイナ・アグリットス』（舌のないレアイナ）と名づけた。

★ペリアンドロス[4]が内妻[5]たちを焼き殺したのは、彼女らが彼の妻でヘタイラのメリッサを非難したからである。彼女はリュシスという名だったが、ペリアンドロスは彼女をメリッサ（ミツバチ）という愛称で呼んでいた。

メリッサはエピダウロスの生まれで、プロクレアスの娘だった。ペリアンドロスは彼女が人夫たちにワインを注いでまわっているのを見て、一目惚れして結婚した。ところがペリアンドロスはメリッサにたいする嫉妬心が強く、内妻たちが、彼女には愛人がいる、と言うのを聞くと、思わずかっとなって彼女を殺してしまった。後日、メリッサが無実だと分かると、ペリアンドロスはこの件に関係していた内妻たちをぜんぶ焼き殺してしまった。

ペリアンドロスは変人だった。七賢人の一人に数えられ、コリントスの僭主だったが、母のクラティアが彼に恋をして、彼と関係を持ったと言われている。

★ペリアンドロスの愛人メリッサのほかに、カリノスの愛人だったメリッサもいた。ルキアノスによると、カリノスに棄てられたとき、彼女はヘタイラのバッキスに頼んで、魔法でカリノスが同棲しているシッミケを棄てて、自分のところへ帰らせてくれるように頼んだ。バッキスは魔法でファニアの夫を自分のところへ連れ戻したことがあったのである。

二番目のメリッサのためにエピグラム（碑文）が書かれている。アウゲンダリオスによると、彼女はミツバチに似ている。くちづけをすると、彼女の唇から蜜が滴り出てくる。彼女に金を要求すると蜂の一刺しがやってくる、と言う。

また、ルフィノスもメリッサの美貌を風刺している。今やその美しさも色褪せて、娼婦のように放埓のなかに生きた、と。

★ヘタイラの中には母親に後押しされて、ヘタイラになった者もいる。ムサリオンもその一人だった。私たちはルキアノスによって、次のようなことを知っている。

ムサリオンの母親は娘を説得し、最高裁判所の長官ラケタスと妻デイノマケとの子カイレアスを口説いて二人を結婚させようとした。しかし、彼女の母親は、もしカイレアスの父が死んだら、そのときには豪華なプレゼントをしてきみと結婚するよ、と約束したとしても、そういう約束を聞いてはいけない、と言った。また母親は娘ムサリオンに、カイレアスは財産を手に入れたら彼女を棄てて他の女に乗りかえるだろう、とも言った。さらに、母親はムサリオンに言うのだった、

「もしカイレアスが駄目だったら、せめてメネクラテスの子アンティフォンを狙いなさい。アンティフォンがお前を望んでいるし、カイレアスに劣らず若くて美しい青年だからね。」

アリスタイネトスの一通の書簡によると、ムサリオンはリュシアスを愛していた。彼女は手紙の中で、自分の愛人たちのうちで自分ほどリュシアスから愛されている者はいない、と強調している。

★ヘタイラの中には、嫉妬深い愛人に暴力を振るわれている者もいた。若くて美しいクリュシスは病的なほど嫉妬深い愛人のゴルギアスに、暴力を振るわれていた。友人のアベリスが彼女を慰めていた。本当に愛しているからあんたをそんなふうに殴るんじゃないの、と言って、彼女を説得しようとしていたのである。

非常に背の高いアイトリアの兵士でクロカリスの愛人だった男は彼女を殴るだけでなく、図々しくも彼女を求めてやってくる誰かれに暴力を振るっていた。

★クラテスはキュニコス派の哲学者だったが、容貌は醜かった。彼は町に住まず、家もなく、さすらいの生活をしていたが、テバイ生まれのヘタイラ、ヒッパルキアを愛人にしていた。

ある日、クラテスは財産を放棄し、半裸で町に出た。そして、例の有名な言葉を叫んだ、「クラテスはクラティストス[6]から解放された！」

これは彼が財産の管理から解放されたことを意味していた。

ヒッパルキアは町で彼のそういうひどい姿を見ても、彼の傍に行くのをためらわずに、彼とセックスしたと言われる。クラテスの弟子のゼノン[7]は師匠が路上でセックスしているのを見て恥ずかしく思い、上着を愛し合っている二人にかけて道行く人の怒りを誘わないようにした。後に、ヒッパルキアはクラテスと結婚して、彼の行いを慎ませたのだった。

★ヘタイラのエイレネはフィラデルフォスの子、プトレマイオスの愛人だった。彼女は彼をこよなく愛し、彼に誠を尽くした。プトレマイオスがトラキア人に追われて助命嘆願のためにアルテミス神殿に逃げ込んだとき、エイレネも彼の後を追って神殿に駆け込んだ。プトレマイオスが神殿の中でトラキア人に殺されると、彼女は逃げ隠れせず殺されるまで、彼が殺された神殿の祭壇を清めた。

★リュシアスは若くて美しいヘタイラ、イオエッサの愛人だった。ルキアノスは次のような話を伝えている。

あるとき、イオエッサは友人でヘタイラのピュティアを自分の家に泊めた。リュシアスも一緒に行ったが、いつもの彼ではなかった。彼は妙によそよそしかった。それでイオエッサがリュシアスに文句を言うと、彼も彼女に不平をぶつけた。

リュシアスはピュティアに、昨夜きみのところに忍んで行ったら、きみは暗闇の中で美しい青年と寝ていたね。ちゃんとこの目で見たのだから。その男は頭髪を剃って丸坊主だったじゃないか、と言ったのだが、それを聞くや、イオエッサとピュティアは腹の底から笑いころげた。そして打ち明けた。

イオエッサのそばで寝ていたのは青年ではなくてピュティアだった。リュシアスは彼女の頭にさわったのだった。ピュティアは髪の毛が抜ける病気に罹っていたので、髪をすっかり剃り落として、その日はかつらをかぶっていたのだった！

★コリントス生まれのヘタイラ、アリスタゴラのために、デメトリオス・ファレレウスは金を湯水のように使っていた。ことはそれだけではなく、あるパンアテナイ祭の祭礼のおり、彼はアリスタゴラのためにいくつかあったヘルメス像の台座よりもっと大きな台座を設置した。しかも、この幸せ者はそれをヘルメスの台座の隣りに置いたのだった。

またあるとき、エレウシスの行列が行われたときのことだが、王宮の近くに玉座を設置し、その上にアリスタゴラを座らせたこともあった。

デメトリオスを告発した最高裁判所の裁判官に向かって、彼はこう言った、「私は自由の身だから自分の欲するままに生きる。私は誰にも悪いことはしていない。私には最高のヘタイラがいる。私はキオス産の高価なワインを飲み、自分自身の金を使っているだけなのだ。財産を不倫につぎ込んでいる者とは違うのだ」と。

★多くのヘタイラは金銭を愛した。ナウクラテもそういうヘタイラの一人だった。アルヘディコスが彼女を好きになった。しかし、彼にはナウクラテを手に入れるだけの金がなかった。ある日、アルヘディコスは夢の中でナウクラテに射精して満足した。

プルタルコスは、アルヘディコスがそのことをナウクラテに言うと、彼女はそういう淫らな夢を見た代償を払っておくれと言った、と書いている。このことが裁判に持ち込まれた。裁判官はアルヘディコスに金を払えと命じた。ただし、その金は小さな壺に入れよ、そしてナウクラテには、手を伸ばして壺の中の金を取ろうとしてもよいが、その手は壺の影のところまでだ、という裁決だったという。

★お金の好きなもう一人のヘタイラ、フィルメネはクリトン(8)に手紙を書いた。

「なぜそんなに私に手紙を書いて、ご自分を悩ましているのですか？　私は言葉ではなく、五十枚の金貨が入用なのです。私を愛してくださるのなら、お金をくださいな。それができないのなら、今後あなたの手紙で私の邪魔をしないでください。さようなら。」

★ペタレもお金を愛するヘタイラだった。彼女は空恐ろしい女だった。彼女をシマリオンがたいへん愛していて、手紙で自分の誠実さを訴えかけたが、彼はヘタイラのためにたくさんの金を使う人間にはどうしてもなれなかった。

彼女は彼に答えた。

「私には誠実さや優しさは必要ないの。そういうものではヘタイラの家を維持できないからよ。ヘタイラは金《きん》が要るのです。」

「私にはできないの」と彼女は彼に言ったのだった、「私の友だちのように古い着物をきて、町を歩くなんてことはね。あなたは香水の一つも私にくれることはできないでしょ。どうやっていっしょに暮らすというの？　そんな生活は永続きしないわよ。私はお金と一緒に暮らすことにするわ」。

★ヘタイラのプロディケはペタレよりもっとすごかった。ルフィノスが彼女の足もとにひれ伏して彼女の神々しいまでの膝を抱いて、次のように言った、

「あなたのために息絶えて、この世から消えてゆく一人の人間を救ってください。」

彼女は感極まって泣き、涙をぬぐうと、ルフィノスにはお金がないものだから、彼を家の外に放り

だしたのである。

★ペイライエウス生まれのフィレマティオンも金《きん》を愛した。金だけが彼女を感動させた。彼女はアティマンドロスの愛人だった。彼女はフリュネをたいそう妬んでいた。あの有名なヘタイラではなく、もう一人の格の落ちるアルキビアデスの友人のほうを。フィレマティオンはコリントスに行き、それからミレトスに行き、とうとうアテナイに戻ってくることはなかった。

★ロドペもルフィノスにはひどい態度をとった。そのために彼もエピグラムの中で、ロドペは美しいから高慢なのだ、と書いた。もし誰かが彼女に、ごきげんようと言うと、彼女は眉に皺をよせた。もし彼女の家に花をかけておくと、彼女は怒って花を叩き落とし、足で踏みつけた。そして、最後にこう言うのだった。

「あ、、皺と老醜よ、早くきておくれ。お二人さんならロドペを説得できるでしょうね。」

ルフィノスは老いを考えるのが好きだった。

美しくて金があり、自分の美貌を鼻にかけているヘタイラのロドクレイアにルフィノスは、水仙や他の花で作った花冠を贈り、「花冠を頭にのせてくれ、いつかはあんたの美しさも花冠のように色褪せてしまうのだから、美しさを自慢するのを止めてくれ」、と言った。

★金を愛さないヘタイラの一人にサロニスがいた。

彼女は金銭欲を持たないヘタイラだった。アルキフロンの言うところによると、彼女はゲメロスの財産を軽蔑していた。ゲメロスは彼女と結婚したいものだから、しきりに彼女に自分の近くで暮らしてくれだの、莫大な財産をぜんぶあげるだのと言って口説いていた。

サロニスはゲメロスを鼻で笑って言うのだった。

「私は動物みたいに毛深い身体をしていて、吐き気を催すような口臭がする老人と結婚するくらいなら、自殺したほうがましよ。あなたには松の木の油を身体にこすりつけ、ひょこひょこ歩いているお腹をすかした老婆のほうがお似合いじゃないかしら。」

★もう一人、金に無関心だったヘタイラがいる。

メガラ生まれのヘタイラ、ニカレテだった。彼女はたいへん礼儀正しく、学識もあった。彼女は雄弁家のステファノスの愛人で、哲学者のスティルポンの講話を聴いていた。ニカレテは雄弁家のステファノスの愛人だった。彼女は報酬をもらうのではなく、問題の解決を申し出て、男と関係を持つほうを好んでいた。

★通り名を持っているヘタイラもいた。遊女ニコを、人びとは「カッツィカ」（雌山羊）と呼んだ。というのも、彼女には混血のタロスという愛人がいたが、タロスとは山羊がよろこんで食う木の芽のことだった。それに、ニコはタロスの金をせっせとむしりとっていた。それで、彼女はカッツィカと呼ばれたのだった。

あるとき、肥満のエウアルデと同棲していたピュトンがニコのところへ奴隷を使いに出して、自分の相手をしてくれるように頼んだ。ニコは奴隷に言った、

「おまえの主人は太った豚を満足させたら、こんどは小山羊がご所望ってわけね。」

ニコは形の良い尻で有名だった。アテナイオスは、だからソフォクレスのデモフォンは年はずっと若かったけれども彼女の尻に夢中だった、と語っている。

スタゴニオンとアンテという二人の姉妹のヘタイラがいた。二人とも美しくて魅力があり、肌はあくまでも白く、ほっそりしていて、大きな目を持っていた。アポロドロスは二人を「アフィエス」(鰯)と呼んだ。それほど彼女たちは鰯に似ていた。

★年はずっと若かったけれども、ある公認のヘタイラ、パロラマのことを人は「レメ」(目やに)と呼んだ。なにしろ彼女は料金が安く、愛人なら誰とでもえりごのみせずにくっついたからだ。また、彼女は「二ドラクマ」ともいわれた。誰でも二ドラクマで彼女を買うことができたからだ。ストラトクルケスも彼女と寝た。

年老いたファノストラテのことを、人は「フテイロピュレ」(虱の門)と言った。彼女は昼も夜も戸口に立って虱を取っていたからだ。

ヘタイラのナニオンのことを、人は「プロスキニオン」(舞台の前)と言った。可愛い顔をして美しい服を着ていたのに、裸になると醜かったからだ。

(1)アンティキュレアスは男性名で、アンティキュラはその女性名。
(2)小アジアの大地母神。
(3)(在位前五二七－五一〇)アテナイの僭主。ペイシストラトスの長子、父親の後を継いでアテナイの僭主となった。貴族たちに敵対され、弟のヒッパルコスが暗殺された後、トロイアスに亡命。前四九〇年にペルシャ軍が来攻したときには、ペルシャ軍に従軍した。
(4)(在位前六二七頃－五八五)コリントスの僭主。初期ギリシャの僭主の中でもっとも有名なものの一人であるが、もっとも残忍なものの一人としても伝えられている。
(5)一夫多妻制の第一夫人以外の妻をいう。
(6)「財産を持っている者」という意味。
(7)(前三三五－二六三)(ストア派の)ゼノン。キュプロスの生まれ。キュニコス派の哲学者の教えを受け、後にソクラテス哲学に傾倒した。徳こそ唯一の善であり、道徳の欠陥のみが真実の悪である。死も貧困も賢者には無縁だ、とする倫理説は当時の人びとの慰安になった。
(8)(前四〇〇頃)　ソクラテスの弟子。ソクラテスに傾倒した門人。たいへん裕福で、ソクラテスが死罪を免れて亡命するよう画策することができた。

ヘタイラという名を持ったヘタイラ

ヘタイラのうちには著名な男たちに大きな影響を及ぼした者がいたことを強調してきた。また話題をかえて、ヘタイラではない女たちも男たちや国家に多大の影響を与え、歴史を変え、家族を壊し、悲劇的な事件をまき起こしてきたことを見てきた。シノペと一緒にたくさんのことを、またたくさんの女たちのことを話してきたが、ある女についてたくさんの時間を費やす番になった。オリュンピアスのことだ。

エペイロスに小さな国家、アキレウスとデイダメイアの子、ネオプトレモス王の治めるモロッソス人の王家があった。ネオプトレモスはピュロスとも呼ばれていた。二番目の名前は、母のテティスが戦争に取られないように娘のなりをさせたアキレウスから譲られたものだった。「ピュラ」は赤毛を意味した。

ネオプトレモスの妻はラナッサで、二人の間にはハリュバス、アレクサンドロスとミュルタレという子があった。ミュルタレと言ってもカルミデスに愛され、彼のために死んでいったヘタイラのミュルタレとは何らの関係もない。

ミュルタレは金髪、碧眼で、二人の兄弟より賢かった。彼女はアキレウスの子孫だったから、いつも誇り高かった。彼女にはそばに、トラキア生まれの忠実な女奴隷が仕えていた。人びとは彼女をトラケ（トラキア女）と呼んでいた。

アキレウスの母テティスがわが子を不死身にしようとしてスティクス（冥府）の川の水につけたように、ミュルタレも不死になるためにわが身をハデスの川といわれるアケロオス川の水に漬けたいと思った。

ミュルタレはトラケを供につれて行き、首尾よくアケロオス川の水に漬かった。しかも、全身を。母親が踵を摑んでいたためにその部分だけ可死となったアキレウスの場合と違って、彼女は全身が不死になったのだ、と信じた。

彼女はアケロオス川の水に漬かったことで、自分の名は不滅になったというメッセージを受けとった。といっても、その名は今の自分の名だけではなく、これから後につけられるもう一つの名前で、今は他のどの女も持っていないし、これからも持つことのない名前だ。また、彼女は息子をもうけるが、その子の名は永遠に忘れられることはないだろう、というメッセージも受けとった。

アケロオス川の聖水を浴びた後、ミュルタレは奴隷女のトラケと、唖の忠実な男の召使いを連れて、ゼウスの神託を求めてドドネの神託所を訪れた。ゼウスの神託はドドネの一本の聖なる樫の大樹を揺らして告げられた。

ドドネのお告げは、ゼウス・アンモン(1)の神聖な息を吹きかけられれば実を結ぶだろう、そしてサモトラケ(2)のカベイロスの聖域を訪れよ、と彼女に告げていた。広大な王国の政治《まつりごと》が彼女を待っていた。しかし、それは凶運だったのだ。

ミュルタレはトラケと、唖の忠実な召使いを連れて、カベイロスの秘儀に加わるためにサモトラケに着いた。ここで彼女は一人の男を知った。彼はどちらかといえば背が低く、口の端が少し下がり、左の瞼も同じように少し下がっていた。髪の毛は栗色で、髭は短く、ぶ厚い唇をしていた。マケドニアの摂政フィリッポスだった。フィリッポスはミュルタレに恋した。そこで彼女はモロッソス人の王家の王位継承権を兄弟のアリュバスに譲ること、そしてマケドニアの王妃にしてもらうよう、フィリッポスに頼んだ。

二人はサモトラケで婚約した。それでフィリッポスは彼女の名前をオリュンピアスに変えた。これはオリュンポス(3)に座すという意味だった。フィリッポスは或る殺人から身を浄めてもらうために、サモトラケに行ったのだった。実はフィリッポスはエウリディケスの母親を殺していた。というのも、彼女はフィリッポスの父アミュンタスと姉と義兄を殺したからだった。

フィリッポスとオリュンピアの結婚式はペラ(4)で行われた。

フィリッポスはオリュンピアスより十歳ぐらい年上だった。フィリッポスは彼女と結婚する前に三人の妻を娶っていた。最初の妻はアウダタで、一人娘キュンナを彼に残して死んだ。二番目はフィラで、彼女も一人息子カラノスを残して死んでいる。そして三番目がフィリナ。彼女はヘタイラで、王宮では「ラリッサの娼婦」と呼ばれた。彼女は一人息子アリダイオスを残した。

ドドネで神託を受けた後、オリュンピアはゼウス・アンモンによって息子を産もうということが心に閃いた。だから、結婚式の日にフィリッポスが酒に酔って彼女とベッドに倒れ込んだときに、彼女はベッドから滑り降りて、代わりに奴隷のトラケがフィッリッポスと寝た。彼女はベッドの下に隠れていた。

フィリッポスが身代わりの奴隷と床入りをすませると、毛布でトラケを包んで唖の召使いにこの奴隷を沼地の流砂の上へ捨てさせた。この沼地という自然の要塞で、ペラは守られていたのだ。

フィリッポスが予言者の言ったとおりに息子を授かるだろうと誇らしげにしゃべっていた一方で、オリュンピアスは未だ処女で、ゼウス・アンモンを待っていた。

オリュンピアスはフィリッポスが後で閨《ねや》をともにしたときに、自分が処女であることに気づくのではないかと恐れた。彼女は自分が生んだ息子がフィリッポスの子ではなく、神の子であることを願ったので、彼女は葦または木の小枝を取り上げた。この先端に蔦またはぶどうの葉がついていた。ディオニュソス祭ではそれを使って相手の性器を叩くと懐妊の力があるとされていたからだ。彼女は蔦の先端に松ぼっくりをつけ、香油を塗り、唖の忠実な召使いを呼んで、フィリッポスが射精するまで刺激させた。そして精液をとると、それを松ぼっくりに塗り、これを使って処女膜を破った。

彼女はこんな方法を用いて、アンモン神から子を授かることができると確信していた。その精液の出所は問題ではなかった。彼女はアキレウスの末裔だったからだ。

オリュンピアスが快感のあまり喘ぎ声を出した瞬間、フィリッポスは戸のすきまから右目で妻が葦の枝を使ってオナニーをしているところを見た。そして、その枝を蛇だと思い込んだ。それを見た瞬間から、彼の妻に対する要求は消えてしまった。性欲を満たすためには、彼にはたくさんの娼婦や男たちがいた。当初、彼らはワイン作りのために雇った男たちだったが、後には彼らを王宮の監視人の役に就かせ、役職を与えた。

ある晩フィリッポスは酒に酔って、オリュンピアスが眠っているところを襲った。たぶんその夜に彼女はアレクサンドロスを身ごもったのだろう。しかし、彼女のほうは葦の枝で身ごもったと思い込んでいたのである。

後になって、フィリッポスはメガロポリスの予言者ケイロンに、妻のそばにいた蛇は何を意味するのか、と訊いた。すると予言者は、彼に対してゼウス・アンモンに犠牲をささげ、いずこにおいてもゼウス・アンモンを敬うべし、と答えた。さらに、もし奥方のそばに蛇の形をしたゼウス・アンモンを見たなら、そのときには、その蛇を見た目はその報いとして光を失うであろう、と言った。それ以来フィリッポスは「エペイロスの魔法使い」（オリュンピアス）を恐れるようになった。

フィリッポスがカルディケにいたときに、アレクサンドロスが生まれた。オリュンピアスは二十歳だった。アレクサンドロスは豊かな金髪をした美しい子で、瞳は片方が栗色でもう一方は青みがかっていた。

アレクサンドロスの後にクレオパトラが生まれた。それ以後、フィリッポスはオリュンピアスに近づくことはなかった。

テルメ湾の東でなされたメトネとの戦いで、フィリッポスの右目に槍が突き刺さった。予言者の言葉が実現したのだ。

その後フィリッポスはニキシポレと結婚し、彼女はテサロニケを生んだ。それからフィリッポスは摂政に妻のオリュンピアスではなく、アンティパトロスを据えた。オリュンピアスはこのことが気に入らなかった。彼女はフィリッポスに、この償いは必ずさせてやると誓った。

フィリッポスは四十五歳のとき、アッタロスの姪のクレオパトラを知り、彼女を娶った。アッタロスはフィリッポスの友人であり、彼の将軍でもあった。アッタロスは姪のクレオパトラがマケドニアの王妃になるという条件で、フィリッポスとの結婚を了承した。

クレオパトラは嫉妬深く、権力を笠に着て、フィリッポスに彼の内妻や愛人、はては「赤毛の魔法使い」オリュンピアスまでも城から追放するよう要求した。クレオパトラはフィリッポスの七人目の妻であって、すぐに懐妊した。

フィリッポスとクレオパトラの結婚式の席上で、酒に酔ったアッタロスは、マケドニア人にフィリッポスとクレオパトラによって正当な王の世継ぎが生まれるように神々に祈祷させた。アレクサンドロスは怒って、アッタロスに酒盃を投げつけた。それを見たフィリッポスは剣を抜いてアレクサンドロスを討とうとしたが、フィリッポスは足がすべって転んでしまった。

このことがあってから、アレクサンドロスは母を連れてエペイロスに行った。オリュンピアスは自分の兄弟のアレクサンドロスを、フィリッポス討伐に行くよう説得したかったのである。

フィリッポスはデマラトスをエペイロスに遣って、オリュンピアスの兄弟のアレクサンドロスにマケドニアに戻るよう伝えさせた。

フィリッポスはそのうえ、オリュンピアスには、彼女の兄弟のモロッソス王アレクサンドロスがアレクサンドロス大王の後に生まれたクレオパトラと結婚するよう取り計らってくれ、と伝えた。

そこでオリュンピアスとアレクサンドロスはペラに帰った。フィリッポスは妻のクレオパトラをアイガイオン〔現在のベルギーナ〕に遣った。というのも、彼女は出産を控えていたからだ。

オリュンピアスの忠実な側近に、パウサニアスがいた。彼はフィリッポスが十五歳のときから、彼の情夫だった。パウサニアスはワイン造りの職人としてフィリッポスに仕えていたが、もっと高い地位に就きたかった。その後四年が経ち、その後任に新たな少年が就いたが、その少年の名も同じパウサニアスだった。

あるとき、アッタロスは他の者に命じて、最初のパウサニアスを残虐な、獣のような遣り方で犯させた。パウサニアスはフィリッポスに訴えたが、フィリッポスはかえってパウサニアスを蔑《さげす》んだ。パウサニアスは元情夫を憎んだ。

オリュンピアスはパウサニアスのフィリッポスに対するこの憎しみを利用した。彼女はフィリッポスの娘のクレオパトラと自分の兄弟アレクサンドロスとの結婚式で、フィリッポスを殺害するように、パウサニアスに武器を手渡した。

結婚式はアイガイオンで行われ、祝宴は六日間続いた。最終日の催し物は劇と馬の競走で、その後には宴会が予定されていた。フィリッポスは全員が座席に着いて、彼の堂々とした入場をみられるように劇場の入り口で待った。彼が戦争で受けた右目の傷を眼帯で覆い、蒼白な顔を隠そうとして劇場に入ってきた。そのとき、パウサニアスは鋭い刃物をフィリッポスの胸に突き刺した。ペルディッカスがパウサニアスを追いかけて殺した。

フィリッポスは四十七歳だった。フィリッポスは二十年間王冠をかぶり、王として君臨した。

パウサニアスには、オリュンピアスだけでなく、ペルシャ政府の陰謀もあったのかも知れない。というのも、フィリッポスはペルシャ攻撃の準備をすっかり終えていたからだ。

アレクサンドロスが王位に就くと、王はアッタロスを殺すように命じた。なにしろ、アッタロスはフィリッポスとクレオパトラの結婚式でアレクサンドロスを侮辱したし、また彼に対し陰謀を企んだからだ。

しかし、マケドニアの不文律では陰謀者の近親者も殺すべしと定めているので、アレクサンドロス王はアッタロスの姪でフィリッポスの妻クレオパトラとその生んだばかりの子も殺した。ユスティノスはオリュンピアスが子を殺し、クレオパトラは自害した、と言っている。

アンティパトロスの死後、オリュンピアスはカッサンドロス〔アンティパトロスの子〕に殺された。アンティパトロス[5]は生前、金輪際女を王位に就けてはならぬ、と命じていたので、アンティパトロスが死ぬと、カッサンドロスの息子が王位に就いた。オリュンピアスは王妃としてカッサンドロスの兄、または弟のニカノラスに対して百人のマケドニアの友軍を派遣するよう命令を出した。

カッサンドロスは兵士を連れてペラに向かった。オリュンピアスはやむなく難攻不落のピュドナの砦に行った。一緒に行ったのはアレクサンドロス大王の妻のロクサネと彼女の子のアレクサンドロス、大王の子のテサロニケ、アッタロスの娘たちおよびその他の親類だった。

カッサンドロスが砦を包囲し、オリュンピアスは万策尽きて降伏した。彼女は豪華な衣装をまとい、宝石を身に着けて討伐軍の前に姿をあらわした。カッサンドロスはオリュンピアスを偽りの裁判にかけた。オリュンピアスは石打ちの刑に処せられた。彼女の死体を葬った墓はいずれとも知れなかった。

（1）リビアにあるアンモンの神託所。そこに祀られているゼウスのこと。

（2）エーゲ海の東北に位置する島。ニケ〔勝利の女神〕の像『サモトラケのニケ』が発掘されたことで有名。
（3）ゼウスを主神とするオリュンポスの神々のいますところ。
（4）北ギリシャ、マケドニアの一地方。古マケドニア王国の首都。フィリッポス二世とアレクサンドロス大王の故郷。
（5）アレクサンドロス大王の東征の間、マケドニア王国の治世を任された。大王の留守中に、オリュンピアスと王国の覇権を争った。

シノペの言い忘れたこと

シノペと私の話は尽きることがない。が、どこかで終わりにしなければならない。私はそれとなく合図をしたのだが、彼女はそれに気づかなかった。シノペは記憶の引き出しの中から、話し忘れていることを懸命に取り出そうとしていた。

私たちが王たちと暮らしたヘタイラについて話したときにフォキス王ファウロスに愛され、王から金冠や大きな銀杯などたくさんの贈物をもらったブロミオンのことを話し忘れた。『風変わりな集会の歴史』を書いたアンティゴノスと暮らし、後にデメトリオス・ポリオルケテスに愛され、アルクオネアスを生んだデモのことも書かずに終わった。

それから、テミストクレスの愛人だったサテュラスのことも。テミストクレスはケラメイコスのアゴラで、ラミアや他のヘタイラたちと一緒に高価な馬車に乗って過ごしていた。イドメネウスはテミストクレスがどんなに女にもてるかを知っていた。ソクラテスはディオティマを追いかけていたし、彼女を賛美していた。将軍のレオクラテスはエイレニスを家に囲っていた。

カルミデスはトリュファイナの網にかかった。彼女の名はトリュファイ（網）を意味したのだ。エウティクセオスはピュティアスに、奴隷でもいいから家に入れてくれと頼んでいた。

シュラクサイの僭主ヒエロニモスはペイトを王宮に住まわせた。

スペウシポスは手紙の中で、はなはだ美しい舞妓パナレテのことを褒めそやしていた。

ポレモナスはパニュヒスを愛人にしていたが、彼が戦争に行ってしまうとすぐに、フィロトラトスをスペウシポスの代理にしてしまった。

カリストはソクラテスに向かって、あなたの崇拝者とお弟子の注意をあなたからそらせて見せます、と主張していた。彼女はたいへん美しく、またたいへん能力の高いヘタイラであって、彼女のことを人びとは牝豚と呼んでいた。

クロビュレはペイライイエウス生まれの鍛冶屋、フィリノスの妻だったが、幼い娘のコリンナを父親の死後、ヘタイラになるよう躾けた。家計が苦しかったからである。

テルパンドスはアテナイでもっとも美しい脚をしたクリュゴネスを追いかけていた。彼は彼女のことを「カリスファロ」（小さな美人）と呼んでいた。

フィロニデスはケリドニオンを追いかけていた。ケリドニオンの不満はアルキテロスとブラシクレイアの息子のクレイニアスが自分のところにこない、というものだった。この子が行かなかったのは、先生で哲学者のアリスタイネトスが徳は快楽にまさる、とアドバイスしていたからだった。

止まることを知らないシノペ

ここでシノペに話をやめてもらい、彼女に礼を言いたかった。しかし、止まることを知らないシノペは日常の行為（セックス）は下品なことではない、と私を説得し続けた。この行為は精神的なものになっていた。そして、次のように付け加えた。

「あんたはたくさんのアスパシアを知っているの？　ペリクレスのような有能な人物の傍にいた、あのアスパシアのような女たちのことを？

あんたはあんたの時代の自由な女たちの像が、ちょうどデルフォイにフリュネの像が置かれているのと同じように、スパルタ王アルキダモスとマケドニア王フィリッポスとの間に置かれているのを見たことがあるの？

あんたはあんたの時代の娼婦の中で、ミュルタレがカルミデスのために死を選んだように、愛する者のために金の留め金を胸に突き刺して死んだ女たちのことを知っている？

あんたの時代のどんな女たちがアルパロス生まれのピュティオニケのように、大きな記念碑を建ててもらったというの？

ヘタイラのラミアがデメトリオス・ポリオルケテスの目を閉じてやったんだよね。それから、ヘタイラのエルピリーナが世界でもっとも偉大な哲学者アリストテレスの目を閉じてやったんじゃないかしら。

ヒッポクラテスはヘタイラのライスのために、テッサリアに彼女の記念碑を建てたんだよね。

フィリッポス王はヘタイラのアウスとの間に娘のキュンナを、また、ヘタイラのフィリナとの間に息子アリダイオスをもうけたのよね。

セレウコス王はヘタイラのミュスタを誰にもはばかることなく城に住まわせたわね。

あんたの時代の女で、ヘタイラのレアイナのように舌を歯で噛み切って、虐待者に吐き出した女を知っている?

あんたの時代の娼婦で、『性病について』や『美食について』、『料理について』という本を著したフィライニスや、テオフラストスが『結婚について』という本を書いたときに、それに異議を唱えたレオンティオンのように、キケロのような偉大な人物から称賛されるような娼婦を知っている?

ミムネルモス(1)はヘタイラのナモスに、彼の最後の詩を捧げなかったでしょうか。

ヘタイラのライスはアクロポリスのプロピュライア(前門)に像が建てられたでしょう? また、ヘタイラのエイレネはプトレマイオスがアルテミスの神殿で殺されたときに、自分が殺されるまで神殿の壁の血を清めようとしたことを忘れていませんか?

これ以上あんたに話すことはないわよ。私がサンダルをはいて、髪を束ねるまで待っててね。もう少し先まで、あんたを連れてってあげるわ。」

(1)(前六三〇頃) 詩人。イオニアのコロフォンまたはスミュルナの出身。「エレゲイオン調の詩の創始者」と称される人。「エレゲイオン調の詩」とは、長短短六歩格と不完全六歩格の二行を単位とする詩形。

シノペ、ありがとう

聖エレウテリオスの小さな教会を少し行ったところに、シノペが私を案内してくれたメトロポリス広場がある。有名人のなきがらは、一般人の焼香のためにそこに安置する。大昔にはそこに女神エイレイテュイア、別名エレウトとも呼ばれるお産の神の神殿があった。私はその前でシノペにお礼を言って別れようと思った。途端にエレウトが私の前に現れた。

「ねえドクター、あんたはひとりのヘタイラに何用があったの？」

「私はねえ、私たちギリシャ人の歴史を書いているうちにエレウトにばったり出会ったというわけですよ。」

「古代ギリシャのヘタイラに出会う前にギリシャ神話について書いたんでしょ、もちろん。どうして美しいそのページのところで止めなかったの？　私たち神々よりヘタイラのほうが面白かったの？　ゼウスとヘラの正当の娘である私は、神々の出産や愛に関してたくさんの面白い話をあなたに語ることができるわ。」

「エレウト女神、あなたは私よりどんな面白い話をできると思っているの？」

シノペは怒ったように答えるのだった。

「あなたのならず者の父親の不品行のこと？　あるいは、ゼウスが自ら自分の母、あなたにとっては祖母のレアを犯したことを、私が知らないとでも思っているの？　その後で、ゼウスは自分の母の姉妹、つまり、自分のおばであるテミスと結婚した。それから、もうひとりのおばのムネモシュネ、それから、自分の姉妹のデメテルと結婚。それから従姉妹のエウリュノメ、最後にはあなたのお母さんで、自分の妹でもあったヘラと結婚した。こんなことをどう説明するの？」

「それから、この罪深い人は誰と寝たの？　自分の従姉妹のレトと従姉妹のマイア、エレクトラとタユゲテ。四番目の姉妹のカリュプソは彼から逃げた。どうしてかというと、彼女はオデュッセウスと恋に陥っていたからね。

これもまた彼のおばのディオネと、他の従姉妹たち、プルト、カリオペ、アルクメネ、ピュラ、カリスト、アイギナ、それにニオベは？　ここに至って、彼はダナエと寝た。あなたの家系を探してみればわかるわ。彼のひ孫の子よ。彼は男とも寝た。このことを教えてあげましょうか。

ゼウスは美しいガニュメデスをさらった。彼もゼウスのやしゃご（ひ孫の子）だった。ゼウスはガニュメデスを宴会係にして、神々にネクターを注がせるためにオリュンポスに連れて行った。ところが、ゼウスはガニュメデスに別の仕事をさせたかったのよ。あなたのお母さんはその仕事がどういうものか分かったときには、激怒したわね。それであなたのお父さんは仕方なく、ガニュメデスを天に上げて水瓶座に置いたのよね。

それともゼウスがエウフォリオンに恋して、その子を追いかけ回した話を私に語らせたいのかな。エウフォリオンが彼の要求に応じなかったので、彼はメロス島に雷を落としてエウフォリオンを殺してしまった。こういうことを私たちが知らないとでも、あなたは思っているの？　エレウト、私たちはこんなことはしなかったわよ。私たちはエロスを、そんなふうには見てこなかった。だからおしゃべりはもうよしたら。あなたがしゃべったら、私だって黙ってはいられないわ。」

「あなたは私に、あなたのお母さんの悪行について話をしてもらいたいんだわ！　でもとてもたくさんあるから、じっくり思い出さないといけないわね。一つだけいちばん酷い話を、あなたに話しましょうか。あなたのお母さんは男女両方の人生を送った占い師のテイレシアスを盲目にしてしまったのよ。なぜって？　それは女がセックスすると男より十倍も喜びを感じる、とテイレシアスが言ったからよ！」

私がエレウトのほうを見やると、エレウトの姿はなかった。

「彼女たちは神だから、好きなときにきて、人間がいて欲しいと思うときにはかき消えてしまうのよ」。シノペは最後に言った、

「お医者さん、さようなら。」

「シノペ、ありがとう」。私がそう言うか言わないうちに、彼女はトリポドン通りに消えてしまった。

「私が生きているうちに、また娼婦に会う時間はあるだろうか？」と考えながら、私は彼女の後を追いかけたが、もう間に合わなかった。

彼女に会えてよかった。彼女からたくさんのことを教わった。もう赤いランプの家を探す必要もないし、“ΕΠΟΥ”（ついておいで）と書いた足跡を探す必要もない。

参考文献

Catherine Johns, *Sex in symbol? Erotic Images of Greece and Rome*, British Museum Press, 1982, 1989.

D. H. Garrison, *Sexual Culture in Ancient Greece*, Norman 2000.

Christopher Miles & John Julius Norwich, *Liebe in der Antike*, Köln, 1997.

D. N. Stavropoulos, *Oxford Greek-English Learner's Dictionary*, Oxford University Press, 1998.

Liddel And Scott's, *Greek-English Lecxicon*, Oxford University Press, 1992.

Sue Blundell, *Woman in Ancient Greece*, British Museum Press, 1995, 1999.

Amy Richlin (ed.), *Pornography and representation in Greece & Rome*, Oxford 1992.

Sofia A. Souli, *Love Life of the Ancient Greeks*, Editions Michalis Toubis S. A., 1997.

アテナイオス、柳沼重剛訳『食卓の賢人たち』一、二　京都大学出版会、一九九七、一九九八年。

ドーン・B・ソーヴァ著、香川由利子訳『愛人百科』文春文庫、一九九六年。

ダイアナ・パウダー編、豊田和二ほか訳『古代ギリシア人名事典』原書房、一九九四年。

ディオゲネス・ラエルティオス著、賀来彰俊訳『ギリシア哲学者列伝』（中）岩波文庫、一九八九年。

バーン&ボニー・ブーロー、香川壇・家本清美・岩倉桂子訳『売春の社会史』上・下　ちくま学芸文庫、一九九六年。

R・フラスリエール、戸張智雄訳『愛の諸相――古代ギリシアの愛』岩波書店、一九八四年。

プラトン、久保勉訳『饗宴』岩波文庫、一九九一年。

ヘロドトス、松平千秋訳『歴史』上・中・下、岩波文庫、一九九二年。

マイケル・グラント『ローマ・愛の技法』書籍情報社、一九九七年。

リチャード・J・A・タルバート、野中夏美／小田健爾訳『ギリシア・ローマ歴史地図』原書房、一九九六年。

桜井万里子著『古代ギリシアの女たち』中公新書、一九九二年。

古川晴風編『ギリシャ語辞典』大学書林、一九九一年。

中務哲郎訳『ギリシア恋愛小曲集』岩波文庫、二〇〇四年。

森谷向俊著『王妃オリュンピアス』ちくま新書、一九九八年。

吉野三郎著『古代人の性愛』恒文社、一九六六年。

訳者あとがき

一九九九年は訳者にとって生涯忘れられない貴重な体験の年となった。四月からまる一年の海外研修の機会を与えられたからだ。ヨーロッパ中心に、北アフリカ、中近東を視野に見聞きを重ねる計画を立てたのだが、なかでも大きな発見の喜びをもたらしてくれたのは、ギリシャとチュニジアだった。ギリシャでは *Syntipas*（『千夜一夜物語』からの訳の、Venezia 一八四八年版）を入手したほか、この訳本の原著者と知り合えたことが特記されねばならない。

現代ギリシャ人の著書は日本ではほとんど知られていない（拙訳『ギリシャ文化史』の著者フルムジアーディスは、残念ながらもう故人となった）のだが、何か目ぼしいものをと漁っていてようやく探し当てたのがパパニコラウだったのである。当時、Sophia Melanthron 書店でも、この本がすごく好評なことをマネージャーが嬉しそうに話してくれたり、早速著者と面会日を計画してもらい、親しく楽しい面談の機会をもつことができ、翻訳を約束して別れたのだった。その後、入手した書評を少しばかり紹介しておきたい。

○日刊紙『エレフテロティピア』（日本の「毎日新聞」に相当）

「この本のタイトルは楽しいものだ。この本を批判しようなどと考える人は誰もいないだろう。というのも、専門家でさえも今までこのような本を書いたことはないのだから。この本は小説、詩、歴史書などと違い、どの分野にも属さない。シノペは古代ギリシャ、アテネの生活を或る医者に話している。彼女らの会話を医者がメモし、当時の様子を書きとめるスタイルを取っている。

文学者でない者が文学にたずさわることによって、読者に満足を与えられたとしたら、彼（パパニコラウ氏）は小説を書く以上の喜びを感じることであろう。

ニコス・パパニコラウ氏の書いた『ヘタイラは語る　かつてギリシャでは……』が、ドイツ語と日本語に訳される機会を与えた。」

〔新聞記者　イリアス・ロヴォプロス筆〕

○テサロニキ大学歴史医学部教授　エレーニ・フリストプロ・アレトゥラ評

「この本を読んでいくうちに、本当にびっくりさせられました。通常の本の場合、名前や出来事が混乱状態を起こすことが多いのですが、ニコス・パパニコラウ氏の本は知識があまりにも深いため、彼に対抗することができません。神々と庶民の会話やおしゃべりが出来事とからみ合っています。また、この本の内容は止まるところがないように思われるのは本当です。この本を読み始めたら、著者の知識とテーマが豊富であるため、止めることができません。この本は古代ギリシャのことを書いているわけですが、著者の書き方が人を惹きつけて、読み始めたら途中で止められないのです。著者は最近、特に旺盛な著作活動をしています。」

○詩人・作家　アスパ・クシーディ評

「彼の本を読み、ショックを受けびっくりしてしまったと同時に、笑いこけてしまいました。彼が古代ギリシャの長い道のりを歩いたことについて。
この本を読むことによって、いかに著者が時間と労力をかけ、資料を探し集め、いかにこの本に情熱を傾けたのかがわかりました。」

『ヘタイラは語る　かつてギリシャでは……』は著者の専門分野以外に書かれた最初の作品で、二作目の著者『神々がいないとき、彼らの神は……』は著者紹介の中の『産科と婦人科の歴史紀行』を準備中に構成されたものだが、古代アテナイの娼婦たちやオリュンポスの神々の愛の誕生を格別な文体でつづった、大変素晴らしい本なのであって、著者は著述の喜びとともに、読者が喜んでくれたら最高の喜びだと、語っている。

『ヘタイラは語る　かつてギリシャでは……』が出版されたとき、上述のようにたくさんの読者を獲得した。アテネの有力な書店の店主も、この本はギリシャのベストセラーですよ、と太鼓判を押していた。

ギリシャの〝ヘタイラ〟は日本の〝芸者〟と同じく人口に膾炙していながら（上記フルムジアーディス本参照）、その実態は意外にもギリシャでさえあまりよく知られていないようだ。パパニコラウは決して低俗に堕することなく、しかもあまり堅苦しい学術書の体裁をとることもなく、軽妙洒脱にこのテーマに踏み込んでいる。産婦人科医としての体験もふんだんに織り込まれていて、古代ギリシャの社会生活を、哲学者、文人、政治家を登場させながら、ありありと活写している。

英語で“It's Greek to me”と言えば、「ちんぷんかんぷん」の意だが、この書は現代ギリシャ語は無論のこと、古代ギリシャ語も縦横無尽に引用されていて、大いに訳者たちを悩ました。共訳は当初、安藤さん（ご主人のコンダクサキ氏の協力も含め）に初稿を依頼（約四年もかかった）、次に高野さんに徹底的な見直しをお願いし、谷口が素訳を練り上げ、最後に安藤さんに目通ししてもらって修正し、やっと仕上がった共同作業である。

ドイツ語訳も着手していることを、著者から聞かされており、早く出ないものかと期待したのだったが、これはどうやら計画倒れのようである。

とにかく、訳者の海外研修時の計画の一つがこうしてようやく日の目を見るに至ったことは誠に喜ばしい。著者も大満足の由である。これには而立書房社主の宮永捷氏の御協力があればこそ実現できたことであり、ここに訳者を代表して深く感謝申し上げる次第である。

二〇〇六年五月四日

谷口　伊兵衛

（付記）

注と参考文献は訳者たちによるものであって、原書には何も付いていないが、日本の読者には本書の理解を助ける上で必要と思われる限り、特別に付記しておいた。

「巻頭言」のゲルマノスはギリシャの著名な評論家で、パパニコラウの無二の親友。訳者が会ったとき、パパニコラウはちょうど亡くなったばかりのこの友人をひどく懐しがっていた（当地の新聞にもこの訃報は大きく取り上げられていた）。

〔訳者紹介〕

谷口　伊兵衛〔本名　谷口　勇〕

1936年　福井県生まれ

1963年　東京大学大学院西洋古典学修士課程終了

1970年　京都大学大学院伊語伊文学専攻博士課程単位取得

1975年11月～76年6月　ローマ大学ロマンス語学研究所に留学

1992～2006年　立正大学文学部教授

2006年4月　同非常勤講師

主著訳書『クローチェ美学から比較記号論まで』

『ルネサンスの教育思想（上）』（共著）

『エズラ・パウンド研究』（共著）

『中世ペルシャ説話集』

「教養諸学シリーズ」（第1期分7冊完結）

「『バラの名前』解明シリーズ」既刊7冊

「『フーコーに振り子』解明シリーズ」既刊2冊

「アモルとプシュケ叢書」既刊2冊ほか

高野道行

1939年　東京都生まれ

1963年　上智大学外国語学部英語学科卒

ギリシア神話研究会「ヘレネの会」「ムーサの会」主宰、「アテーナーの会」講師　初級ギリシア語教室「オリーブの会」講師　日本エーゲ海学会会員

主な論文　「ギリシア神話の起源とその魅力」（東京都立日野台高等学校紀要7号　1993年）

「ホメーロス『イーリアス』の楽しさ」（同上紀要　10号　1996年）

「サルディニアの笑いと幼児供儀」（「ヘレネ」創刊号　2002年）

「人間の幸せについて」（日本エーゲ海学会紀要16号　2002年）

「ギリシア人と古代祭典競技」（東京都立八王子東高等学校紀要26号　2004年）

安藤ユウ子・コンダクサキ

1947年　東京都生まれ

1969年　鶴見女子短期大学保育科卒

1974～77年　アテネ日本人学校勤務

1985年以降　NHKラジオ第1海外レポーター

1993年以降　通訳、通訳ガイド

1997年以降　山形放送（YBC）海外レポーター

現在　NHKテレビギリシア取材を始め日本人著名人のギリシャ旅行コーディネーター。

〔著者紹介〕
ニコス・パパニコラウ
1926年12月4日、エトロアカルナニア県のプラタナス村生まれ。現在はアテネに住む。父親は小学校教師で、彼は小学校を優秀な成績で卒業後、アテネ市内の第六ギムナシオン（現在の中・高一貫校）に入学。同校を卒業後、アテネ大学医学部に入学。専攻は産婦人科。1959年卒業後、アメリカ、フランス、スコットランドに留学。その後、テサロニキ大学の産婦人科学部で30年間教授。現在アテネ「ユーロクリニック」産婦人科の主任。
テサロニキ大学に在任中、作家活動が認められ、1959年に初めて『妊婦のために』を出版。以後、『産婦人科』三版、『産科』三版、『乳房学』二版、を出版した。さらに、多くの専門の分野で、『避妊』二版、『婦人科と産科の診断と方法』二版、『産婦人科の腫瘍』、『婦人科・産科の手術』、『女性の失禁』、『女性の老人医学』、『婦人科薬学』、『婦人科乳房学』、『生殖器の名称』、『乳房学の花束』などを、次々と精力的に出版。
また、著者の研究は多数の雑誌や日刊新聞などにも掲載されている。
現在、『産科と婦人科の歴史紀行』が出版準備中。

ヘタイラは語る　かつてギリシャでは……

2006年6月25日　第1刷発行

定　価　本体1500円+税
著　者　ニコス・パパニコラウ
訳　者　谷口伊兵衛／高野道行／安藤ユウ子・コンダクサキ
発行者　宮永捷
発行所　有限会社而立書房
東京都千代田区猿楽町2丁目4番2号
電話　03(3291)5589／FAX03(3292)8782
振替　00190-7-174567
印　刷　株式会社スキルプリネット
製　本　有限会社岩佐製本

落丁・乱丁本はおとりかえいたします。

ISBN4-88059-333-8　C0022

ルチャーノ・デ・クレシェンツォ／谷口伊兵衛、G・ピアッザ訳

2003.9.25刊
B5判上製
144頁
定価2500円

クレシェンツォのナポリ案内―ベッラヴィスタ氏見聞録―

ISBN4-88059-297-8 C0098

現代ナポリの世にも不思議な光景をベッラヴィスタ氏こと、デ・クレシェンツォのフォーカスを通して古き良き時代そのままに如実に写し出している。ドイツ語にも訳された異色作品。図版多数。

ルチャーノ・デ・クレシェンツォ／谷口勇、G・ピアッザ訳

1995.4.25刊
四六判上製
128頁
定価1500円

疑うということ

ISBN4-88059-202-1 C0010

マリーア・アントニエッタ侯爵夫人の65歳の晩餐会の席に、邸の前でエンストを起こした技師デ・コンチリースも招待された。その夜、技師から、侯爵夫人は、もしかするとあったかもしれない過去とその結果招来したであろう未来を見せられる。

ルチャーノ・デ・クレシェンツォ／谷口伊兵衛訳

近刊

クレシェンツォ言行録―ベッラヴィスタ氏かく語りき―

イタリアの異能クレシェンツォが、ニーチェの『ツアラトゥシュトラ』に擬して著した、現代に向けての新・言行録。彼自ら主役の映画も製作されている。英・西・独、等の諸国語に訳されている。

ルチャーノ・デ・クレシェンツォ／谷口伊兵衛訳

近刊

わが恋人ヘレネー―現代版トロイア物語―

イタリアの異能クレシェンツォが、トロイア戦争を舞台に波瀾万丈のスペクタクルを展開させる。神話入門としても最適。十数カ国語に翻訳中の注目作品。乞う御期待。

ルチャーノ・デ・クレシェンツォ／谷口勇、G・ピアッザ訳

ビデオ
1995.4.25発売
90分、5000円
サブテクスト
1995.11.25刊
四六判上製
228頁
定価1500円

『愛の神話』（ビデオテーク）

作家であり、映画監督で市井哲学者としても著名な、鬼才クレシェンツォがギリシャ神話をテーマにして製作したビデオテークの第１作『愛の神話』の日本語版。“愛”の典型を、映像と活字から迫る力作。

ISBN4-88059-206-4 C0070

ルチャーノ・デ・クレシェンツォ／谷口伊兵衛、G・ピアッザ訳

近刊

『英雄たちの神話』（ビデオテーク）

『愛の神話』に続く第２弾。クレシェンツォの解説はますます冴え渡っている。伊語・日本語のDVで二重の鑑賞が楽しめる。ビデオテークの第２作。

ルチャーノ・デ・クレシェンツォ／谷口　勇訳
1986.11.25刊
四六判上製
296頁
定価1800円

物語 ギリシャ哲学史Ⅰ　ソクラテス以前の哲学者たち

ISBN4-88059-098-3 C1010

古代ギリシャの哲学者たちが考え出した自然と人間についての哲理を、哲学者たちの日常生活の中で語り明かす。IBM のマネジャーから映画監督に転進した著者は、哲学がいかに日常のことを語っているかを伝えてくれる。

ルチャーノ・デ・クレシェンツォ／谷口伊兵衛訳
2002.10.25刊
四六判上製
302頁
定価1800円

物語 ギリシャ哲学史Ⅱ　ソクラテスからプロティノスまで

ISBN4-88059-284-6 C1010

前篇に続く、有益で楽しい哲学史ものがたり。前篇以上に著者の筆致は冴えわたる。独・仏・スペイン・韓国等の各国語に翻訳され、いずれも大成功を収めている。

ルチャーノ・デ・クレシェンツォ／谷口伊兵衛、G・ピアッザ訳
2003.11.25刊
四六判上製
216頁
定価1800円

物語 中世哲学史　アウグスティヌスからオッカムまで

ISBN4-88059-308-7 C1010

ギリシャ哲学史に続く、著者の愉快この上ない面白哲学講義。イタリアのジャーナリズム界の話題をさらった一冊。

ルチャーノ・デ・クレシェンツォ／谷口伊兵衛、G・ピアッザ訳
2004.2.25刊
四六判上製
200頁
定価1800円

物語 近代哲学史Ⅰ　クザーヌスからガリレオまで

ISBN4-88059-310-9 C1010

ルネサンス期を近代の誕生と捉え、中世以上に血の流れた時代を生々しく描く。著者のもっとも円熟した一冊。イタリアで大ヒットしている。

ルチャーノ・デ・クレシェンツォ／谷口伊兵衛、G・ピアッザ訳
2005.7.25刊
四六判上製
224頁
定価1800円

物語 近代哲学史Ⅱ　デカルトからカントまで

ISBN4-88059-321-4 C1010

現代社会の思想を準備した哲学者の群像を、いつものように見事に活写させてくれるクレシェンツォの筆力はいよいよ冴えわたる。

ルチャーノ・デ・クレシェンツォ／谷口伊兵衛訳
近刊

自　伝―ベッラヴィスタ氏の華麗な生涯―

デ・クレシェンツォの哲学者的な一生を軽妙な筆致で描き切る。映画化計画中。スペイン語他の外国語への翻訳もいくつか計画されている。